Jonas Bopda Tébou

Sagesse

Jonas Bopda Tébou

Sagesse

Sagesse pour le Salut des Hommes

Éditions Croix du Salut

Impressum / Mentions légales
Bibliografische Information der Deutschen Nationalbibliothek: Die Deutsche Nationalbibliothek verzeichnet diese Publikation in der Deutschen Nationalbibliografie; detaillierte bibliografische Daten sind im Internet über http://dnb.d-nb.de abrufbar.
Alle in diesem Buch genannten Marken und Produktnamen unterliegen warenzeichen-, marken- oder patentrechtlichem Schutz bzw. sind Warenzeichen oder eingetragene Warenzeichen der jeweiligen Inhaber. Die Wiedergabe von Marken, Produktnamen, Gebrauchsnamen, Handelsnamen, Warenbezeichnungen u.s.w. in diesem Werk berechtigt auch ohne besondere Kennzeichnung nicht zu der Annahme, dass solche Namen im Sinne der Warenzeichen- und Markenschutzgesetzgebung als frei zu betrachten wären und daher von jedermann benutzt werden dürften.

Information bibliographique publiée par la Deutsche Nationalbibliothek: La Deutsche Nationalbibliothek inscrit cette publication à la Deutsche Nationalbibliografie; des données bibliographiques détaillées sont disponibles sur internet à l'adresse http://dnb.d-nb.de.
Toutes marques et noms de produits mentionnés dans ce livre demeurent sous la protection des marques, des marques déposées et des brevets, et sont des marques ou des marques déposées de leurs détenteurs respectifs. L'utilisation des marques, noms de produits, noms communs, noms commerciaux, descriptions de produits, etc, même sans qu'ils soient mentionnés de façon particulière dans ce livre ne signifie en aucune façon que ces noms peuvent être utilisés sans restriction à l'égard de la législation pour la protection des marques et des marques déposées et pourraient donc être utilisés par quiconque.

Coverbild / Photo de couverture: www.ingimage.com

Verlag / Editeur:
Éditions Croix du Salut
ist ein Imprint der / est une marque déposée de
OmniScriptum GmbH & Co. KG
Heinrich-Böcking-Str. 6-8, 66121 Saarbrücken, Deutschland / Allemagne
Email: info@editions-croix.com

Herstellung: siehe letzte Seite /
Impression: voir la dernière page
ISBN: 978-3-8416-9935-0

Copyright / Droit d'auteur © 2015 OmniScriptum GmbH & Co. KG
Alle Rechte vorbehalten. / Tous droits réservés. Saarbrücken 2015

SAGESSE

Jonas

Prologue

Moi, Bopda Jonas, fils de Tébou Michel et de Kouotouom Thérèse, cet homme devenu fou pour Dieu, passionné à mourir pour Jésus et ne souhaitant qu'être esclave de la Parole, sans repos ni accalmie ; je te donne amiablement ce livre - en ce moment où le Règne des cieux s'est approché - par devoir en tant que serviteur quelconque de Jésus ; pour que tu puisses bénéficier de ce que moi j'ai acquis, pour ton Salut comme pour le mien que nous donnera le SEIGNEUR notre Dieu par Sa Grande Grâce. Depuis jeune, je me suis lancé dans des méditations pour avoir la connaissance, ainsi j'ai été attiré par le chemin du SEIGNEUR, et voici des choses que j'ai découvertes. Ce livre certes, a été écrit en sept jours du moment où m'est venu l'idée de l'écrire jusqu'à sa première publication (de lundi à dimanche) ; mais est le fruit d'une connaissance acquise année après année : j'espère qu'il fera tes délices. J'ai aussi, pour cette fin, une pensée particulière pour des amis dont Alassan Yaya, Bitoungui Nyobè Landry, Batjilis Victoire Paul, Omosbinu Janet, Bonguen Austin Ivan et Tiba Léopold Désiré : que Dieu les garde bien fort, pour les faire goûter à Sa Grâce immense au nom du Seigneur Jésus.

Table des matières

Prologue..2

Introduction..4

I – Proverbes, maximes et enseignements visant à donner l'instruction aux hommes pour leur Salut, en ces temps où le Règne des cieux s'est approché............................6

II - Quelques paraboles pour le plaisir de l'esprit..44

III – Eloge des anciens et du peuple d'Israël..49

IV – Témoignage..62

Exhortations et conclusion..76

Introduction

Nous voici qui vivons à quasi deux millénaires après la mort du Seigneur Jésus, Celui qui nous fera passer de ce monde-ci qui nous dégoûte souvent mais qui reste très important, au Véritable monde qu'est le Royaume des cieux, que Lui-même, Seigneur, est venu proclamer l'imminence. Si donc, il y a quasi deux milles ans le Seigneur proclamait : « *Convertissez-vous : le Règne des cieux s'est approché* »[1], je pense que logiquement, après ces deux millénaires environ, il s'est d'autant plus approché, voire, il est à nos portes. Mais qu'est-ce que cela fait aux hommes ? Pour bien de gens, cela peut sembler une chimère : Dieu Est. Mais y aura-t-il une fin du monde ? Cette belle terre et ce qu'elle comporte ne seront plus ? Si oui, cela doit être pour des temps lointains et non pour maintenant car quel signe voyons nous ? Le soleil ne se lève t'il pas de la manière dont nous l'avons vu se lever à nos premières années ? Tels sont des possibles raisonnements. Mais qui a dit qu'aux moments de la fin le soleil se lèvera plus tôt où plus tard que couramment ? Qu'il manquera d'air dans le ciel, que la terre deviendra ceci où cela ? Le Seigneur a dit : « *Tels furent les jours de Noé, tel sera l'avènement du Fils de l'homme ; car de même qu'en ces jours d'avant le déluge, on mangeait et on buvait, l'on se mariait ou l'on donnait en mariage, jusqu'au jour où Noé entra dans l'arche, et on ne se doutait de rien jusqu'à ce que vient le déluge, qui les emporta tous* »[2]. Mais tellement les Hommes se sont habitués à vivre sans garder le témoignage de Jésus en leur esprit que cela peut se prendre à la légère. Je pense que c'est erreur de prendre Dieu à la légère, et par Sa grâce plusieurs d'entre vous après avoir lu ce livre aurez des éléments pour argumenter en faveur de ma pensée. Il m'est donc venu à l'esprit d'écrire ce livre pour transmettre la connaissance que j'ai eu du SEIGNEUR à vous

---

1 *Matthieu* 4.17.

2 *Matthieu* 24.37-39.

mes confrères contemporains et postérieurs, et je souhaite vivement qu'un homme ne meurt plus sans avoir Dieu et Jésus dans son cœur et sur sa langue.

I – Proverbes, maximes et enseignements visant à donner l'instruction aux hommes pour leur Salut, en ces temps où le Règne des cieux s'est approché

La sagesse vient de Dieu et sert Dieu.

***Dieu est Dieu pour tout homme, en tout temps et en Dieu** : rien n'échappe à Dieu, Son Esprit remplit le monde comme le vent remplit un espace vide, l'homme n'a donc pas à penser qu'en des temps ou des lieux divers, Dieu ne le voit pas, ne l'écoute pas, ou a l'attention plus attirée par telle chose que par l'autre. Même si un pays vient d'être avalé par la terre devant toi, et que le monde est scandalisé par ça, fais ta prière, Dieu t'écoute comme Il t'a toujours écouté. Il n'a pas l'attention plus attirée par ce spectacle que par ta prière pour qu'elle soit négligée ou oubliée, la prière du paysan de la campagne n'est pas négligée à cause de l'évènement solennel dans la capitale ; Il voit le caravanier seul dans le désert avec du sérieux comme les centaines qui sont près du mur des lamentations. Voila pourquoi Dieu est Dieu en Dieu.

***Tantôt blanc, tantôt noir** : l'esprit humain donne de l'énergie aux pensées et sentiments présents en lui selon les moments. Voilà pourquoi ce qu'on voit comme vrai aujourd'hui, après on le voit faux ; ce qu'on voit comme bien aujourd'hui, après on le voit mal ; ce qu'on voit comme sagesse aujourd'hui, après, folie.

***Affaire de nourriture, affaire de folie ; on jette un bœuf, on se partage à dix un poulet** : les habitudes alimentaires causent que les hommes ne consomment pas parfois les aliments les plus abondants, et préfèrent souffrir de faim pour se contenter des moins abondants, ce qu'ils consomment habituellement. En effet, quasiment tout ce qui est vert, tout animal, peut se manger, mais l'homme fera un gros tas d'herbe au champ et le brulera, l'homme laissera un grand animal crever et se contentera de manger un petit, et des légumes en quantité moindre.

*Tel le lion ne jalouse pas la panse d'une chèvre pleine d'herbe, tel le bœuf ne jalouse pas l'estomac plein de chair du lion, tel l'amour du prochain convient à ceux qui ne misent pas sur ce monde : de même que les animaux de régimes alimentaires différents ne convoitent pas l'un la nourriture de l'autre puisqu'elle ne les intéresse pas, de même l'homme qui n'attend pas grand-chose de ce monde n'aura pas grand obstacle à aimer l'autre car la jalousie, la concurrence et le désir d'être grand qui sont les choses qui empêchent l'amour du prochain ne sont pas son affaire.

*As-tu faim ? Va faire quelque chose sinon elle triplerait : l'oisiveté participe à augmenter la sensation de famine, et l'occupation à la diminuer.

*Simulacre, hypocrisie, faux sourire, telle est la journée de l'homme public : lorsqu'on est homme public, on a parfois tendance à masquer son sentiment.

*L'esprit fait l'homme : c'est le spirituel qui domine la chair. L'esprit est la force de l'homme comme sa faiblesse ; son bon ami comme son mauvais ennemi ; ce qui le met en fuite quand personne ne l'en veut et ce qui le fait passer au milieu des lions et loups affamés en chantant ; quand il serait aimé de tout le monde, il marcherait saisit de peur et la tête baissée, et détesté de tous, cible pour le mal, il marcherait tête haute et parlant à haute voix ; il peut le mettre en cause après qu'il ait fait le bien, et lui tolérer de grands maux. L'homme gagnerait à ce que son esprit soit son ami, autrement, torture ! Un doute peut torturer l'homme des jours, la guerre dans la rue peut ne point empêcher qu'il dorme en milieu de route. En dix jours de souffrance physique, on serait dans la joie, en une minute, on souhaiterait n'être jamais né : la vraie torture est celle de l'esprit, malgré que ses plaies peuvent se cicatriser à la seconde. L'esprit a besoin d'un premier ami avant l'homme : Dieu, par la justice et le bien. La paix spirituelle est un trésor, Seul Dieu la donne.

***Tout est souverain et Seul Dieu est Souverain** : la Souveraineté appartient à Dieu Seul, c'est Lui le Sommet. Mais en dessous de Lui, toute existence a un certain niveau de souveraineté : de la chose qui décide d'elle-même où tomber, à la plante qui choisie d'elle-même où mettre sa racine, à l'animal qui décide de lui-même quelle plante manger, à l'homme qui décide quel animal tuer, au roi qui décide d'envoyer l'homme aux fers, et on arrive à Dieu Suprême qui décide que les chiens lécheront le sang du roi et mangeront la reine[3].

***Tel un homme dans la nuit en forêt qui coure à trébucher lorsqu'il n'est suivit que par du vent ; tel celui qui a honte et qui se fait beaucoup de mal pour rien** : la pensée qu'on se moque de soi ne vit parfois que dans l'esprit de celui qui a honte, les autres le comprennent ou n'en-ont que faire.

***Fais ceci, fais cela, comme ceci, comme cela, viens ici, vas là-bas ; ce que tu feras est bien connu d'avance par le SEIGNEUR** : Dieu ne voit pas le monde à la manière des hommes, à la manière de rire ou de pleurer quand ils rient ou ils pleurent, d'agir selon leurs sentiments. Dieu connait le futur, et voila pourquoi des choses ne peuvent L'étonner comme elles nous étonnent.

***Quelle plus grande prière que de dire « SEIGNEUR, que Ta volonté soit faite ? »** : les autres prières ont du sens en ce qu'elles soient conformes aux volontés de Dieu.

***Ne t'empresse pas de dire « j'aime cette femme », une autre de vue, tu la haïras ; ne va pas vite dire « c'est l'homme de ma vie », dans trois périodes c'est à peine que tu réussiras à accepter le voir** : que les hommes sachent ceci trois fois et quatre fois : en matière d'amour conjugal, les choses ne doivent pas se régler sur les apparences : sur la beauté, la bonne silhouette ou la richesse. S'engager à passer une grande partie de sa vie avec un être humain n'a pas à voir avec ces futilités. Mais

---

3 *Rois* 21.19-23.

l'homme gagnerait que son partenaire vienne de Dieu car autrement, le futur nous dira, dans trois et quatre périodes après l'union.

*Fais différence entre aimer d'un vrai amour qui vient de Dieu et le désir de jouissance sexuelle car le premier est rare, enfoui dans le roc, et le second est vulgaire, dans l'air que tu respires : quand tu seras rassasié de sexe, et que ce serait le moment de l'entente, de faire l'unité par les façons d'être, si en prenant femme c'était pour les jouissances, que feras tu ? Si tu n'es qu'à tes débuts dans l'union conjugale, comment disparaitras-tu ? Tu sauras donc que femme et sexe, ce n'est pas la même chose.

*Moisson[4] n'est pas loisir : fais la différence entre aller moissonner et passer du bon temps ou avec le désir que les hommes se disent tes disciples, car une situation venue du SEIGNEUR te confondras et tes pensées malséantes seront exposées au grand jour. Ainsi, soit plus près à prier pour quelqu'un d'un bon cœur, à vouloir son bien, à le bénir, que d'aller vers lui *Bible* en main. Mais comment le ferais-tu si tu n'as atteins l'amour ? Cherche donc !

*Ecoute ceci : enlève la méchanceté de tes membres, l'hypocrisie de ton cœur, la duplicité de ta bouche, lave le sang sur tes vêtements et les ordures sur tes mains ; maintenant, revêts l'amour de Dieu et celle du prochain ; lorsque tu lirais le proverbe, tu le comprendrais, lorsque tu écouterais la sagesse, tu l'accepterais.

*Don est don pour, non en-soi : ce que l'un accepte comme don, l'autre le refuse. L'un refuse l'or, l'autre bénit celui qui lui a donné des ordures (pour fumier).

*Ecoute ceci, sinon, ferme le livre car cela servirait à quoi ? Avec Dieu, pas d'hypocrisie, pas d'hypocrisie et pas d'hypocrisie, mais cœur pur : mieux vaut le pécheur qui reconnait ses péchés d'un cœur pur, que le docteur de la Loi dont le cœur

---

[4] Dans tout ce livre, le terme ¨moisson¨ n'a qu'un seul sens, celui de ramener au bon chemin, le chemin de Dieu qu'est Jésus.

est remplit d'hypocrisie. Souviens-toi chez les juifs au temps de Jésus le Seigneur, Il s'est beaucoup irrité contre les meilleurs en religion en apparence qui étaient les scribes, les prêtres et les docteurs de la Loi, à cause qu'ils étaient meilleurs en forme, mais pas en fond ; à cause qu'ils étaient hypocrites. Mieux vaut l'homme qui avoue sa faiblesse avec vérité, que l'homme qui dit sa force avec hypocrisie : fuis l'hypocrisie de toute ta vitesse, c'est comme une muraille en diamant pour la sagesse, une forteresse inaccessible au chemin du Salut. Mieux vaut celui qui avoue qu'il a tué, que celui qui nie s'être fâché, car l'hypocrisie se manifeste par le mensonge. En cela, Adam qui avoue au SEIGNEUR sa transgression fait mieux que Sara qui Lui ment qu'elle a juste ri.

* « *A celui qui a, il sera donné, et il sera dans la surabondance ; mais à celui qui n'a pas, même ce qu'il a lui sera retiré.* »[5] : Propos de Jésus.

* **Athéisme est pire que folie** : vois-tu un homme qui enseigne que le monde est né de lui-même, que l'homme ne fut pas homme, que la Création est une chimère, qu'il l'enseigne aux autres ou qu'il pense ainsi, il y a plus à attendre d'un fou que de lui.

***Ne dis pas à Dieu : « donnes-moi la richesse » ; dis-lui : « donnes-moi ce dont Tu sais que j'a besoin »** : la richesse en terme de grande quantité d'argent peut être une cause de chute, insensé de la demander car ce qui est sur terre, créé par Dieu comme fabriqué par les hommes a des utilités. Par ailleurs, les hommes sont différents par les goûts, mais tous Dieu les a faits. Si donc le désir d'avoir quelque chose pour soi, aussi grande soit-elle : une planète, une maison qui touche le ciel, de l'or pour vêtement vient du fond du cœur, de sa manière d'être mais non pas par la concurrence et de ce qu'on désire par rapport à ce qu'ont d'autres ou encore par une pensée insensée, l'homme peut demander cette chose, parce qu'il se sent attiré par elle tel qu'il a été fait par Dieu. Mais si quelqu'un demande une chose par laquelle il n'est pas attiré tel que Dieu l'a fait, même s'habiller en or peut lui être une cause de

---

5*Matthieu* 13.12.

chute que s'habiller en sacs : le poids de ses vêtements en or, de ses bijoux en diamant pèseront sur lui et le gêneront, parce qu'il n'est pas fait pour prendre plaisir à ça et donc de les supporter. Car, quand on aime quelque chose, on est prêt à supporter les inconvénients. Mais il ne les supportera pas par amour, mais par folie, parce que sans les aimer, il a voulu être vu comme tel par les autres hommes. Autre chose, si on prend un homme qui chez lui a fait une piscine non parce qu'il aime la nage mais parce qu'il se disait riche et voulait qu'on le voit ainsi, si quelqu'un qu'il n'aime pas réussit à venir chez lui et prend plaisir à nager dans sa piscine, celle dont lui-même n'y est jamais entré, cela l'irriterait de voir la grandeur des factures qu'il paye pour qu'un autre y prenne plaisir. Mais il aurait été victime de l'ignorance de ce qu'il doit chercher plus ce qu'il préfère et non qu'on le voie comme tel. Rien n'a de valeur en soi et ces valeurs qu'on fixé les hommes sont circonstancielles. Certaines choses ont des utilités meilleures que celles qu'on considère plus coûteuses car les premières sont essentielles et les autres, pas : en temps de faim par exemple, une parcelle de terre cultivable vaudra mieux qu'une montagne d'or fin. Grâce à la terre en effet, on peut cultiver et s'alimenter, alors que si l'on ingère un morceau d'or, c'est lui qui ira participer à ce que la mort vienne plus vite. On se sème pas sur du diamant ; par lui-même, il ne prolongerait donc pas notre existence, or nous savons que nos fondamentaux sont de manger et de boire. Que l'homme cherche donc les choses élémentaires et maintenant, en fonction de sa manière d'être qu'il demande à Dieu ce qu'il aime de son cœur, tel qu'il est fait.

*Que vas-tu demander à Dieu ? Demande Son Esprit-Saint pour faire Ses volontés : le livre peut te faire douter ; le proverbe, t'égarer ; mais tu seras gagnant si Dieu te guide, car être guidé par Lui est le chemin de la sainteté.

*Considère ce monde-ci comme un champ pour amasser du fruit, et amasse beaucoup, beaucoup tu t'en réjouiras, si tu voles celui des autres, tu risques la prison, et sache que, ce champ quitté, tu n'y reviendras plus : amasser du fruit c'est aimer Dieu et obéir à la Parole de Jésus. Voler c'est faire le contraire.

***Cède pour plaire à l'homme, après tu seras humilié** : reste attaché au commandement du SEIGNEUR, même la bouche qui t'insulte à cause de ça te respecte, tu la fait trembler. Mais si tu cèdes, … !

***Ne vois pas deux insensés rire aux éclats pour dire : « pourquoi je ne fais pas d'eux mes amis, vois comme ils sont heureux » ; attends trois périodes, tu verras qui étaient heureux : tu aurais préféré ne jamais être né que d'avoir fait d'eux tes amis (combien ils s'insulteront et s'empoigneront). / Ne vois pas le fornicateur et la fornicatrice dans un coin de la rue, se caressant et parlant avec douceur pour te plaindre : « quel triste sort je partage moi qui reste attaché au commandement de mon SEIGNEUR ! » Non, ne le dis pas, mais attends quatre périodes, tu préférerais ne pas avoir de sexualité que d'avoir seulement à saluer cette femme ou cet homme (combien ils se haïront au point d'être prêts l'un à tuer l'autre ; l'un, à disparaitre pour ne plus voir l'autre)** et tu sauras que le SEIGNEUR est Sage pour donner telle ligne à suivre.

***A quoi allons-nous comparer l'homme pécheur récidiviste ? Il est comparable à un homme qu'on vient jeter en prison et que, y étant entré, il ne fait qu'aller vers le fond. Plus il marche, plus les portes se ferment derrière lui, moins il a de chances de s'évader. / Plus le prisonnier pénètre la prison, moins il a de chances de s'évader, tant le pécheur récidiviste se donne moins de chance de devenir homme droit.**

***Aimer le SEIGNEUR, quel don ! Quel don immense !** : On peut proférer en parole qu'on aime le SEIGNEUR, on peut le dire cent fois par jour, mais du cœur, cela vient de Dieu.

***Demande au SEIGNEUR don de L'aimer, tu verras que tu ne l'adoreras pas par les mots des autres, tu ne chanteras pas les chants d'autres, tu ne danseras pas au rythme des autres, ta prière sortira de ton cœur, ta sagesse ne se trouvera dans aucun autre livre que le tien, ou nul autre part qu'en ton cœur ; selon ce** qu'Il t'a donné. Et lorsque quelque chose qui vient de toi correspondra avec ce qui vient de ton frère, on dira : « *les bons esprits se rencontrent* », et non pas "mets un mouton à la tête du troupeau et le reste suivra".

***Imiter est bon pour apprendre** : bien de temps, c'est en imitant qu'on apprend, c'est par ce que d'autres nous ont donné qu'on fait pour soi-même.

***Cent proverbes en un jour, aucun en un autre ; cent fois en un jour, aucune en un autre** : le don vient de Dieu, en Son moment.

***Constatation est meilleure que récitation** : celui qui constate comprend mieux que celui qui récite.

***Frapper le voleur et dormir sur la rapine** : parfois on s'irrite contre le voleur à cause de ce que l'objet de son vol ne nous a point profité, parce qu'on est soi-même voleur. Parfois, on maudit le pécheur parce que son péché ne nous a point profité et qu'on est soi-même attiré par la pratique du péché. Voila pourquoi les hommes justes très souvent regardent avec compréhension et pitié.

***Ne vas pas vite féliciter un sage, tu l'auras gêné six fois** : bien de personnes n'ont pas besoin d'être félicité, mais se plaisent juste à savoir qu'ils ont été utiles. Les féliciter ou leur faire des honneurs serait plutôt les gêner. Chercher donc à exprimer son contentement de manière propice, à faire savoir qu'il a été utile pour qu'il le sache et s'en réjouisse, sans déborder, ce qui le gênerait. **Insister sur la sagesse d'un sage c'est le faire moins sage**.

***Elever la voix est cause de remords chez un sage, l'insensé trouve cela honorifique**.

***Adoration et méditation pour l'esprit du sage et du juste ; honte et tourment pour celui l'insensé et de l'impie** : un homme qui s'est lancé dans le chemin de la sagesse et de la justice, contentera son esprit à méditer sur les connaissances et adorer

Celui qui lui montre ce qu'il constate. L'impie et l'insensé connaissent se montrer grands à l'extérieur, mais en eux-mêmes, c'est la honte et les tourments.

***L'esprit est une bibliothèque qui à peine fournit un livre** : l'esprit regorge d'énormes capacités, notamment en stockage de connaissances et d'idées. Mais il se concentre à peine sur deux ou trois choses, et parfois le souvenir est difficile.

***Ressaisis-toi, ainsi tu éviteras des regrets** : éviter d'exploser de colère car à cause d'elle on peut faire ce qu'on regrettera.

***Tel l'aimant qui arrête le fer, tel l'esprit du sage face à la colère ; tel une balle sur laquelle ricoche un caillou, tel l'esprit de l'insensé qui la laisse exploser** : par la sagesse, l'homme sait qu'il y a de quoi travailler à ne point exploser de colère. Mais l'insensé, comment le saurait-il ?

***Fais du bien, tu ferais plus plaisir à Dieu que Lui chanter des cantiques ; adopte l'intelligence, tu ferais plus plaisir au sage que de lui faire honneur** : de même que Dieu refuse la louange qui vient d'un cœur rempli de malfaisance, comment le sage voudrait tes honneurs, si tu ne sais même pas comment les faire ?

***Le juste cherche à plaire à Dieu, même la bouche qui l'a maudit le bénira ; l'impie cherche hypocritement à plaire aux hommes, en riant avec lui, on se méfie. / L'impie peut se faire l'ange, mais le cœur de son voisin le connait** : l'hypocrisie ne réussit pas.

***Au projet du juste, des lettres sont envoyés, l'impie ne connait pas le courrier** : lorsqu'un juste a un projet il le remet à Dieu, souhaitant qu'Il le lui fasse réussir. Mais l'impie ne connait que compter sur lui et sur sa force, oubliant que pendant qu'il planifie, les forces contraires sont aussi entrain d'êtres planifiées, voilà pourquoi à lui la honte, car il pensait être trop intelligent, mais se voit contré.

***Veux-tu obéir à Dieu ? Aime-Le et aime ton prochain, tu auras obéi à des bibliothèques de commandements, ceux même que tu ignorais** : s'il fallait citer tous les commandements, quand finirait-on de les écrire ? Or par l'amour, on constate soi-même être sur le bon chemin, même si aucun commandement précis qui nous est connu ne le confirme.

*L'homme se voit comme une montagne, des chaines de montagnes l'entourent : l'homme a beaucoup tendance à penser à lui-même, à vouloir hisser sa subjectivité, oubliant que de la manière dont il se voit, d'autres sont aussi entrain de se voir ainsi, que la profondeur et le narcissisme qu'il s'accorde, d'autres aussi se les accordent plus que lui-même. Certes, en nous-mêmes nous sommes seuls, mais d'autres aussi ont une intériorité ; et les meilleurs ajoutent à leur intériorité de grandes œuvres. Comment serons-nous donc plus grands qu'eux, nous dont notre grandeur se limite à notre bouche et à notre désir de grandeur ? Comment chercher Dieu, vouloir vivre une relation avec Lui, vouloir qu'Il te fasse grandir, et jalouser celui qui Le cherche ou qui L'a cherché aussi comme toi ? Comment Dieu te verrait ? Voila pourquoi il faut aimer le prochain.

*Vaine est la vie ? Amasses du fruit pour la Vie : que l'homme, malgré ses douleurs persévère en pensant à œuvrer pour avoir le Salut de Dieu. Même dégouté, qu'il accepte sa vie et regarde Dieu car Dieu peut lui redonner goût, Amour qu'Il Est. Cherche donc le Salut de Dieu car si on se dégoute de cette vie éphémère, on ne se dégoute pas de la vie éternelle au Royaume des cieux.

*Dieu est Bon, Il est Bon et Il est encore Bon ; qui ne tremblerait ? : On peut ne point s'étonner de la Bonté de Dieu parce qu'on n'y a pas encore eu certaines connaissances. Si on les avait, on pourrait parler seul matin et soir.

*Le grand mal : l'ignorance ; le reste sont ses disciples : les maux divers proviennent de l'ignorance.

*Sème pour ta chair, et tu sauras qu'on ne sème pas pour sa chair ; sème pour le Salut, tu es sur le bon chemin : celui qui sème pour la jouissance de sa chair, à cause de la perdition qu'elle entrainera, saura qu'il ne fallait pas le faire. On n'aura pas besoin de le lui dire car il le saura, il sera docteur, très apte à enseigner ceci : « on ne sème pas pour sa chair ».

***Mieux vaut mourir de faim avec un esprit rassasié, que de se remplir le ventre avec un esprit affamé** : mais la nourriture de l'esprit, qui la connaît ? Que les hommes la demande au SEIGNEUR.

***Tel des ballons gonflés à l'extrême qu'on perce et qui deviennent si petits, tel le sentiment qui peut avoir grande apparence mais étant sans consistance** : amour, haine ; lorsqu'on est animé par eux, ils peuvent être aussi intenses au point qu'on puisse faire de grandes choses à cause d'eux. Mais cela ne changerait rien qu'après, on soit toujours près à faire aussi grand, mais cette fois-ci, par sentiment contraire. On aime le matin et le soir, plus ; on haït aujourd'hui et demain, on aime : intenses mais ne tenants qu'à un fil.

***De même qu'une lumière trop éblouissante et spontanée aveugle, de même certaines connaissances ne conviennent pas aux livres de sagesse** : puisque la sagesse vise à instruire, certaines connaissances pourtant vraies, ne conviennent pas à être misent ou développées à un certain niveau dans les livres qui visent à instruire. Car, elles participeraient à égarer les novices, ce qui est le contre-objectif de l'instruction. Alors, elles sont propres à être constatées par l'homme lui-même dans son parcours d'acquiescence de la sagesse car là, il passera étape par étape et lorsqu'il y arrivera, elles ne seront pas trop éblouissantes pour lui et l'illumineront davantage, en dépit de l'aveugler. C'est donc sage de garder certaines connaissances pour soi-même, selon le niveau de ceux qu'on enseigne. Le Seigneur disait à Nicodème : « *Si vous ne croyez pas lorsque je vous dis les choses de la terre, comment croiriez-vous si je vous disais les choses du ciel ?* »[6]

6*Jean* 3.12.

***Homme sage commissionnerait le vent** : lorsqu'on a de l'intelligence, plusieurs problèmes, on les règle par des méthodes hors-usages, selon comme on est inspiré.

***Ne réfléchis pas pour t'acquitter mais pour la vérité, même si le coupable c'et toi, tu auras gagné** : les hommes ont souvent tendance à réfléchir pour se déclarer "non-coupables", à chercher des idées qui les acquittent et contrer celles qui les accusent ; oubliant qu'accepter leur culpabilité, qu'ils soient coupables ou non, leur donnera l'élan de faire ce qui convient le mieux prochainement.

***L'or s'est fait rare pour qu'avec lui on puisse battre monnaie** : en soi-même, les objets coûteux ne sont pas plus valeureux que les moins couteux.

***Non pas : « Dieu est large en miséricorde » ; serais-tu large en repentir ?** : Que l'homme ne pèche pas continuellement en comptant sur la miséricorde de Dieu car bien qu'elle est plus large que ce qu'il peut s'imaginer, s'Il se refusait à punir et demandait seulement à l'homme d'aller se repentir face aux hommes qu'il a offensé, non pas que toutes ses victimes le pardonnent mais qu'il se repentisse seulement ; même s'il n'avait pas à aller les chercher et qu'elles étaient toutes réunies, la foule de personne lui ferait trembler et le découragerait, tellement grande est-elle, et il aura ainsi lui-même refusé de s'acquitter. Tu n'es donc pas large en repentir, évite le péché.

***Plus facile que respirer, ne pas pécher et rester droit. Mais qui aura le secret ?** : Le secret c'est que Dieu t'accorde que ce soit ainsi pour toi. Le péché n'est pas difficile en lui-même à éviter, mais pour celui à qui cela est. Tu sais toi-même qu'il y a des gens qui tuent facilement, mais voir juste une quantité de sang te serait bizarre. Pourquoi serait-ce donc facile pour lui de tuer, et difficile pour toi de le faire si pécher, tuer, était en soi-même difficile que l'homme s'y retienne ? Ceci est un exemple parmi tant d'autres. Celui qui a fait l'homme chaste qui méprise voir la nudité d'une femme, n'est ce pas Lui qui t'a fait toi aussi ? Si voir la nudité est pour toi cause de chute, demande Lui qu'Il te rende comme l'homme chaste, de détourner ton esprit de l'attirance des femmes, et tu la regarderas maintenant comme tu regarde les nuages au dessus de ta tête, la terre, sous tes pieds : banalement. Le péché n'est donc pas un fardeau pour celui qui ne le commet pas, mais l'homme doit demander à Dieu de le délivrer de la tentation. Mais comment le faire si tu aime le mal plus que le bien ? Ais bon cœur et demande au SEIGNEUR, tu verras les retombés.

***Toute création est facile à Dieu** : Dieu crée avec facilité le grand comme le petit, la planète comme le grain de sable, la baleine comme la fourmi, l'or comme la poussière, Il ferait des planètes en or et diamant s'Il le voulait.

***Qui est ton dieu, je te dirai ton chemin, et quelle est ta religion, je te dirai où elle mène** : autre dieu que le SEIGNEUR, Père de Jésus le Christ Fils de Dieu et autre religion que le christianisme - non pas que tout chrétien est droit aux yeux de Dieu - ; où mènent-ils sinon à la perdition ?

***Retiens ta main pour ne pas donner, tu sauras qu'il fallait le faire** : le chiche saura qu'il faisait mal, pas besoin de le lui dire, car c'est lui qui sera même très apte pour l'enseigner mais quand et où ?

***L'un donne un œuf mais préfère faire perdre un bœuf, l'autre sans rien donner, veut faire gagner le Salut** : souhaiter le Salut d'un homme vaut mieux que lui faire l'aumône, et bonne aumône est celle qui se fait avec bonne pensée vis-à-vis du récipiendaire.

***Tel tient la *Bible* par désir du bien, tel autre la tient par désir de son bien.**

***Tel moissonne pour éviter le mal aux hommes, tel autre le fait pour éviter son mal (l'oisiveté).**

***Mieux vaut chercher à appauvrir l'enfer par amour du prochain, que d'être prophète qui à tort méprise son prochain.**

***La moisson a un sens, aux moissonneurs !**

*SEIGNEUR Dieu, regarde l'homme avec pitié, sa bouche te promettrait la guerre, mais sans Toi, il ne peut quitter son lit.

*Torture facile ne fait point jaillir du sang : la vraie torture est spirituelle dont l'angoisse, la peur, le doute, la honte, la détresse. On n'a pas à jaillir de la sueur pour l'attribuer.

*L'homme qui élève la voix met du feu dans les esprits des autres, mais le sien n'est pas loin de la larve : les nerveux et les colériques dérangent la paix autour d'eux. Mais c'est par cela même que cette paix se voit loin d'eux.

*L'insensé va prier croyant faire par là une grâce à Dieu, il prendrait L'aimer comme un don qu'il Lui fait : l'insensé ignore que ce serait plutôt une grâce pour lui que Dieu prête l'oreille à sa prière et grand don que Dieu agrée son adoration, car c'est lui, l'homme, qui a besoin, alors que Dieu, Lui, se suffit.

*Si tu n'aimes pas Dieu et ne l'obéis pas, tu verras qu'il fallait le faire au point d'être apte à écrire des livres vrais dessus, du début à la fin ; mais où et quand ? Fais-le donc dès maintenant.

*Bon conseil vaut mieux que cadeau, faire revenir au bon chemin vaut mieux que faire l'aumône : si un homme ne le croit pas, mieux qu'il le croit.

*A dur enseignement, grands effets : lorsqu'on est enseigné avec dureté, l'efficacité peut se voir ainsi maximisée.

*Aux apprentis les paroles, aux connaisseurs, les actes : se présenter comme ayant ceci ou cela provient souvent de ce qu'on est entrain de travailler à l'avoir.

*Dis au SEIGNEUR : « rends moi cela facile » et tu déplacerais la planète, tu iras dormir dans le soleil avec des couvertures : si Dieu accepte faciliter à l'homme quelque chose, il fera des choses invraisemblables comme déplacer la terre (mers et continents) ; et aller se coucher dans le soleil avec des couvertures, tellement il sentira froid.

*Dis au SEIGNEUR : « rends moi cela facile » et tu aurais une montagne au dessus de ta main : ce n'est pas par ta force d'homme que tu la soutiendras, mais Il la fera suspendre au dessus de tes mains.

*Connaissance du proverbe n'est pas sagesse : la sagesse n'est pas que pensée toute faite, car il faudrait encore la comprendre. Elle s'acquiert dans un parcours, quitte à ce qu'il soit bref pour tel et long pour tel autre, selon le don de Dieu. On peut donc comprendre pourquoi tel peut citer le proverbe mais ne peut le justifier, et l'autre, au mauvais moment.

*Ajoute à la douceur du sérieux, ton reproche sera plus fort : la douceur des paroles à elle seule est moins efficace pour que le reproche pénètre que lorsqu'on y ajoute du sérieux. Car, les choses dites de manière légère ne pénètrent parfois pas celui à qui on s'adresse que lorsqu'on l'appelle, le fait asseoir, pour le lui dire certes avec douceur, mais sérieusement.

*Qui cherche jouissance se heurte à vanité ; qui obéit à Jésus l'a vaincu : en vivant pour la jouissance et en s'y accrochant durement, le malheur te fera constater la vanité quand tu t'y heurteras. La vanité s'applique aux choses de ce monde. On ne peut s'y fier, elles ne durent pas, mais sont passagères, brèves. En effet, un jour de malheur efface cent jours de bonheur, soit en joie cent jours si le cent-unième jour est celui de la peine en quoi les cent précédents la diminuera ? Soit affamé cent jours, le jour ou tu manges à satiété, qui serait mieux entre toi, et le centenaire dans la richesse qui a toujours eu de quoi manger mais a faim pour l'instant ? Rit aujourd'hui car demain tu vas pleurer ; ne te fie pas à tes pleurs aujourd'hui car demain tu vas rire. Ta sagesse ne t'assure pas le bonheur ni comme l'inintelligence de l'autre ne garantit pas son malheur. Ceci se fait dans ce monde-ci car dans le monde à venir ça ne serait plus ainsi. Mais un chrétien véritable, qui ne regarde ce monde de ses deux yeux, même le malheur qui lui arrive trouve accueil ; c'est une occasion pour lui de gagner les points devant Dieu : les points de persévérance et de fidélité. Il n'a donc pas à se fier de tout cœur au bonheur et à fuir de tous membres le malheur, mais vit pour plaire à Dieu, acceptant sa situation de fils d'Adam : il a vaincu la vanité. Bon pour l'homme est donc de savoir gérer les situations, et en tout, se remettre au SEIGNEUR car c'est Lui qui brise la vanité, même sur cette terre Il a pouvoir de le faire ayant pouvoir de faire qu'une situation perdure à l'infinie.

*La persévérance n'a point instrument de mesure : avec quoi mesurer la persévérance ? Que l'homme ne dise pas : « j'ai trop prié », mais sache qu'il n'y a pas de quantité de prières à faire pour être exaucé et que le compte de ses prières ne lui garantirait pas l'exaucement. Sait-il qu'il peut s'en trouver quelqu'un qui a fait trois fois plus ? La volonté de Dieu doit suivre son cours, même si c'est de ne point exaucer une prière car d'abord, une prière peut être mauvaise aux yeux de Dieu. Tant que tu crois en ta prière, persévère donc ; c'est le séjour des morts le niveau où s'arrête la persévérance.

*Cherches-tu un ami ? Ne regarde pas la chair, mais l'esprit, tu seras l'ami d'un enfant : le bon esprit de l'enfant convient à l'amitié.

*Ne regarde pas la chair, mais l'esprit, tu verras en la femme sexy des ordures, et en la fille prude des fleurs à parfum. / Ne regarde pas la chair mais l'esprit, tu verras en l'homme orgueilleux du fumier, et en l'homme humble de l'or fin.

*Au pays des sots, même les fous sont docteurs ; au pays des insensés, même les aveugles sont des scribes : les insensés ont parfois tendance à étaler ce qu'ils croient être la connaissance même sur ce qu'ils ignorent vraiment.

*L'insensé serait conseiller international : même sur ce qu'il ne connait pas vraiment, l'insensé a à dire et soutient son idée avec la ténacité de l'expert. Sur le sujet où épilogue des insensés, ils auront à critiquer et à prescrire, quittes à insulter celui qui est mieux avisé pour le faire.

***Grandeur, ne pas dire mais prouver** : que ta bouche ne s'empresse pas de dire que tu es grand, ou vérifie bien si tu vois ta grandeur dans la sagesse ou dans la folie. Béni-tu ton ennemi, souhaite-tu l'abondance pour l'indigent, et le mariage du célibataire ? Telle est la grandeur que Dieu aime.

***Pauvreté de l'usine, richesse de l'entrepôt ; pauvreté au travail, richesse en oisiveté** : c'est parfois au lieu de travail qu'il y a indigence et en oisiveté, abondance.

***Gagner en foi, perdre en prudence** : plus on croit en quelque chose, moins on a des doutes, plus on parle avec assurance.

***Ne regardes pas la marmite au feu, dans trois périodes tu seras servi, regarde là, dans dix elle y sera toujours** : dans le besoin, ne songe pas trop à ce que tu veux, cela te semblerait être venu en peu de temps, par rapport à celui qui ne fait qu'y songer, et cela lui semble être arrivé très lentement.

***Conscience fait temps. / Tel le cheval qui vient au galop, tel le malheur qu'on attend ; tel une tortue qui vient à pas lent, tel le bonheur qu'on attend, lorsqu'ils sont vu de loin** : le malheur a parfois tendance à plus vite arriver et durer que le bonheur, lorsqu'on les voit venir.

***Bénédiction vaut mieux que sourire, amour véritable vaut mieux que cadeau.**

***Souffrance et joie s'appellent par leurs noms** : la souffrance c'est la souffrance, de même que la joie. Ce n'est pas ce que voit l'œil. Un enfant peureux qu'on veut battre peut verser tant de larmes, plus même que le courageux qui a été battu. Serait-ce donc la bastonnade qui fait souffrir ? Le vrai souffreteux donc n'est pas celui qu'aux yeux des hommes est malade, blessé, malpropre, très travailleur, n'ayant point mangé depuis… ; mais c'est celui qui souffre vraiment, quitte à ce que ce soit un homme apparemment souriant. Il en ait de même pour la joie, elle est joie véritable et non ce que voit l'œil, quitte à ce qu'elle se trouve chez un paysan dan son champ au midi. **L'un casse le roc en chantant, l'autre touche une femme en tremblant.**

***Crépuscule, rien au ventre et rassasié ; aurore, deux repas et affamé** : la vraie joie est spirituelle, de même est la peine ; la vraie faim est spirituelle de même la satiété.

***As-tu déjà dis : "j'ai faim" ? Bye bye famine !** : Le plus dur parfois en temps de famine et plus généralement en temps de souffrance, est le temps de constat.

***Que deux mesures aillent remplir une, il y a reste ; que deux hommes ayant les mêmes projets ne se croisent pas** : qui écoutera qui ? Qui sera satisfait de ce qu'il a entendu de l'autre ?

***L'humilité est le chemin qui mène au pays de la grandeur, et l'orgueil, celui qui mène au pays de l'humiliation.**

***La panthère veut-elle se nourrir, elle va en chasse, autrement elle resterait affamé ; veux tu être grand, vas à l'humilité, autrement tu ne le serais que pour toi-même** : c'est question de prendre conscience que c'est bon d'être humble, et que les autres, même si on a reçu plus qu'eux restent nos frères, et non pas par ruse de s'abaisser expressément, espérant être élevé car si l'élévation tarde, que faire ? On abandonnerait et serait confondu. Aussi, le nombre de gens face à qui on s'est abaissé confirme notre grandeur car il est bon que l'homme sache une chose : le grand aussi est celui qui fait ce que d'autres ne peuvent faire, ou qui fait facilement ce que d'autres feront difficilement.

***Veux-tu aimer ton frère ? Souhaite son bien dans ton cœur. Veux-tu être humble ? Sers les autres** : la bénédiction et le service des autres sont les voies de manifestation de l'amour du prochain et de l'humilité.

***Le pays de la grandeur manque d'or, les terres où il est enfouit sont nombreuses, convenable est d'aller le chercher ; mais les orpailleurs ont prit le** chemin inverse : plusieurs de ceux qui cherchent la grandeur vont à l'orgueil qu'à l'humilité.

*Désert es-tu, oh toi chemin qui mène à la grandeur ! Quel monstre l'embouteillage qui se trouve sur le sentier qui mène à l'humiliation ! : Orgueil préféré à l'humilité dans la recherche de la grandeur.

*Bon dans la bouche et rongeant les entrailles est le fruit de l'arbre du Malin : le péché ; même peu dans la bouche, se multipliant dans le ventre, est le fruit de l'arbre du Juste : la droiture : le péché fait passer un bon temps au moment où l'on jouit de lui, mais ce court moment de jouissance cause des remords même jusqu'au jour de la mort ; la droiture peut nous empêcher d'avoir comme on l'aurait souhaité, mais l'acte par lequel on se prive pour donner à l'autre peut nous faire recevoir au centuple, et ce qu'on a donné à l'autre, et ce qu'on a prit pour soi même.

*Au pays du mal, la Grâce est médecin aux urgences : Dieu a le pouvoir de pardonner même le plus méchant, et de délivrer, même des enfers.

*L'esprit vif court des risques : ceux qui sont vifs d'esprit (sages, intelligents), courent de grands risques de perdition à cause d'eux-mêmes comme des autres. Dans la réflexion, ils peuvent tomber sur une idée qui les égare, puisque les idées viennent en bonnes et en mauvaises. Aussi, les autres qui les jalousent ou les convoitent peuvent les appâter et les égarer ou les favoriser l'égarement. C'est donc le moment d'avoir foi en Dieu, force et discernement, sachant que les appâts pour un esprit vif sont la notoriété, la gloire, la richesse : savoir donc que ce que les hommes nous proposent, Dieu nous en donnerait mille fois plus, et s'ils nous menacent d'une quelconque souffrance, Dieu nous ferait souffrir mille fois plus. La foi est utile pour compter et avoir confiance en Dieu pour ce dont on a besoin, et la force aussi pour ne pas rire avec le malin et se laisser entrainer ; éviter l'orgueil aussi car l'orgueil nous affermit sur le chemin de la gloire. Ceci est mon conseil selon mon expérience, il est à parfaire selon d'autres expériences.

***Deux intentions contraires, le même fait** : on n'a pas à penser que ce sont les mêmes intentions qui produisent le même acte. Car deux hommes font la même chose, mais si leurs intentions étaient connues, on serait près à faire de l'un le roi, et de l'autre le prisonnier.

***L'intention est l'épicentre du péché** : couramment, c'est suivi d'une intention qu'on fait le mal.

***Homme de bien fait peu, il est béni ; hypocrite fait beaucoup, il est maudit** : ce qui compte ce n'est pas la prouesse qu'on a réalisé, mais c'est l'intention qu'on a dans son cœur. Le Seigneur Jésus s'est beaucoup irrité contre les scribes, pharisiens, docteurs de la Loi, moins que les publicains et les prostitués, à cause que ces premiers étaient des hypocrites alors même que c'étaient les meilleurs dans la connaissance de la religion, ceux-là qui enseignaient les masses. **Jésus a voulu que l'homme ait le cœur bon ; non, non et non à l'hypocrisie.** Si un chrétien est d'habitude à rire avec son frère de la bouche, en le calomniant dans le cœur, qu'il réfléchisse encore si c'est vrai que l'assassin, la prostituée et l'ivrogne, valent moins que lui.

***La rareté est illusion** : l'un cherche où prendre, l'autre à qui donner ; l'un cherche du pain, l'autre brûle des sacs de farine ; l'un cherche une vieille tunique comme vêtement, l'autre jette un manteau neuf. La rareté est donc personnelle et non totale.

***Aujourd'hui sagesse, demain, folie** : lorsqu'un homme se fait une idée en un certain temps, il peut être si ferme pour la soutenir, mais c'est lui après qui la détesteras, au point d'avoir honte d'avoir pensé ainsi.

***Telle la cigüe irrite les entrailles, telle la critique malséante irrite les âmes** : éviter de voir le mal partout, même où il n'est pas, pour ne pas causer disputes et frustrations.

*__Au pays des projets l'or est plein, mais à peine sorti, il disparait__ : on aurait ceci ou cela dans ses projets, sans l'avoir en réalité.

*__Cherche, si tu ne trouve pas, laisse ; énigme n'est pas logique__ : pour une énigme posée, la réponse n'est pas sacrée ; puisque l'homme ignore donc ce que l'autre donne comme réponse à son énigme, il y a de quoi laisser puisqu'on passerait des jours mais on ne trouvera pas. Même une réponse plus sensée qu'on peut trouver peut ne point être celle (moins sensée) que l'autre attend.

*__Gros efforts pour rien, aucun effort pour beaucoup__ : la quantité d'efforts fournie ne garantie pas la grandeur du gain. Tel investit beaucoup pour une affaire qui ne réussit pas, et l'autre, sans investir tant soit peu réussit largement. Le lion va chercher sa proie par une course énergique mais ne la rattrape pas, l'araignée attend sa proie sur son nid et celle-ci venue, elle n'y va que pour se mettre à table.

*__Usine ne produit pas pour soi__ : si on se consacre avidement à beaucoup amasser, il y a fort chance que de peu ou de beaucoup ce soit pour un autre.

*__Le sage se voit privé de sa richesse, l'insensé voit la sienne disparaître__ : le sage considère son moment de besoin comme une étape de sa vie voulu par Dieu ; l'insensé, ignorant du pouvoir de Dieu y voit la pauvreté du monde ou des temps durs. Il ignore la main puissante de Dieu, que Celui-ci est capable de transformer sa chambre ou toute sa maison ou encore tout son pays en un morceau de pain déjà fait, qui ne pourri pas, qui ne s'affadit pas. Il ignore que Dieu est capable de lui faire apparaitre à manger dans ses mains, ou même dans sa bouche, son ventre, ou encore que Dieu peut le faire de telle manière que pour cent ans de vie, il ne mange ni ne boit jamais rien, mais n'a ni faim ni soif, et grandi en se fortifiant mieux que ceux qui se gavent.

*__Elie est prophète__ : Dieu utilise Ses serviteurs soit pour bâtir soit pour détruire ; soit pour planter, soit pour déraciner ; soit pour exhorter, soit pour punir : tout cela vient de Dieu. Voila pourquoi le ministère d'Elie, beaucoup marqué par le châtiment du peuple d'Israël, doit être honoré puisque c'est par le SEIGNEUR qu'il a fait ce qu'il a fait, aussi dur fut-ce.

***Les sages guident, les prophètes prophétisent, les scribes instruisent, le méchant lance la main par derrière et dit "ah"** : un jour, il saura qu'il ne devait pas le faire, on n'aura pas à lui dire mais il saura.

***Quelqu'un aime t-il la vie, le monde ; vérifie s'il est sage** : les sages sont parfois les rachetés du séjour des morts puisqu'ils l'ont voulu et ne l'ont pas eu, s'écartant des jouissances vaines à leurs yeux.

***De même la nourriture fait grandir la chair, de même son absence fait grandir l'esprit. / Au jour de la famine, le sage amasse lait et miel, au jour de la jouissance, l'insensé amasse ordures et excréments** : le sage gagne dans la souffrance par la persévérance et la fidélité en Dieu, alors que même pendant la jouissance, l'insensé pèche, pour sa perte.

***Tout temps est favorable à l'homme de bien pour gagner devant Dieu et à l'impie pour perdre** : dans la souffrance, l'homme de bien persévère et patiente, bénissant Dieu, sans rien dire de blâmable contre Lui ; et dans l'abondance, il continue de bénir Dieu et fait l'aumône. Souffrance ou joie, abondance ou besoin, l'impie sait faire une chose : amasser péché sur péché, faire succéder au péché le péché.

***Bouche qui calomnie n'a pas d'ami** : les amis de la calomnie se calomnieront entre eux.

***A l'insensé l'émotion, au sage la raison** : ceux qui manifestent très souvent les émotions sont insensés.

***Situation n'est pas faite pour proverbe, mais proverbe pour situation** : le proverbe n'est pas toujours en tout vrai, ce qu'il énonce ne s'applique pas forcément à toutes situations ; mais il est bon à être énoncé lorsque la situation correspond à ce qu'il énonce.

***Amour de Dieu vaut mieux que prière, et obéissance, que jeûne.**

***Force-prière n'exauce pas, la volonté de Dieu suit son cours** : l'un prie des jours et n'est pas exaucé, l'autre a ce qu'il a voulu rien que par intention, même pas par prière, tel est Dieu.

***Ne sois pas stupide pour demander que la souffrance te soit épargnée, elle peut te grandir ; ne sois pas téméraire pour l'appeler, tu demanderas à mourir sans recevoir** : que la volonté de Dieu soit faite.

***Prier pour vaut mieux que faire un reproche.**

***Deux petites folies présentes, à peine on évite les meurtrissures ; grande folie et sagesse, à peine on arrive à l'insulte** : l'esprit du sage sait souffrir à supporter de ne point se mettre en colère.

***Ne va pas rire avec la mégère, les dents d'un lion vues de l'extérieur ne signifie pas qu'il est content ; ne va pas pleurer avec l'hypocrite, le liquide sur les yeux d'un crocodile ne signifie pas qu'il pleure** : ne pas se fier à ce qu'on pense être le sentiment du méchant.

***Au jour de ta faim, ne maudis surtout pas la bouche qui croque la viande, la viande n'est-elle pas faite pour être croquée ? Au jour de ta détresse, ne t'irrites pas contre celui qui danse, ne doit-on pas danser ?** : Souviens-toi que toi aussi tu mangeais et dansais quand d'autres souffraient de faim et de détresse, et que tu mangeras et danseras quand d'autres souffriront : **tout ne se fait pas pour tous au même moment.**

***La moisson n'est pas force-paroles, la moisson c'est Dieu** : par le beau discours et la belle argumentation, on n'est pas garantît que celui qu'on veut ramener se laisserait être prit ; il faut compter sur Dieu qui a le pouvoir de toucher le cœur et donc de le faire revenir, même sans que quelqu'un n'ait à lui parler : **argumenter n'est pas convaincre.**

***Sagesse, sagesse, sagesse ; qui est sage ?** : Faire montre d'un caractère en un moment ne signifie pas qu'on l'a en tout temps. Avoir une bonne pensée en un moment ne signifie pas qu'on est en tout sage, mais qu'en ce moment précis, on a fait montre de sagesse. Il en est ainsi pour un tas d'autres choses comme la gentillesse, l'amour, la douceur, l'humilité … A quel niveau mesurer ? Et on dira : **sage aujourd'hui, idiot demain ; gentil au matin, chiche au soir ; aimable pour tel, méprisant pour tel autre ; humble ici, orgueilleux là-bas.** C'est donc Dieu qui sait avec précision qui est qui.

***L'esprit dirige la chair, Dieu dirige l'esprit.**

***Le péché dépassé, la connaissance et les œuvres ouvertes. Qui franchira la ligne d'arrivée ?** : « *Que le saint se sanctifie encore.* »[7]

***Au pays de la sainteté, les trésors abondants sont dans des forteresses ; au pays de la sanctification, les moindres trésors sont aux portes de la ville** : quand on travaille à acquérir une attitude et qu'on n'y est pas encore de manière parfaite, c'est là où on est parfois tenté de nous présenter comme l'ayant, lorsqu'on l'aura, ce serait déjà nous, quoi faire de le dire, de se vanter ? Voilà pourquoi : **grand honneur laisse indifférent celui qui le mérite, petit honneur fait sauter de joie celui qui ne le mérite pas.**

***Ne pas se condamner pour acquitter Dieu** : dis la vérité sur Dieu, ne mens surtout pas car Dieu s'acquitte Lui-même, d'ailleurs qu'Il ne vient pas en procès et ne subit aucune condamnation. Tout ce que Dieu fait, on dit « c'est Dieu », « le Souverain ». Qui Lui dira c'est injuste quand la justice n'a de sens que par rapport à Lui, quand

---

[7] *Apocalypse* 22.11.

c'est Lui la Justice ? Qui Lui dira « c'est mal » quand bien et mal n'ont de sens que par rapport à Lui, et que de tout, Il est au dessus ? Ce qui existe, tout et tout sont à Dieu, et à Lui de les gérer selon Son bon vouloir. Même si Dieu créait l'humanité rien que pour la faire souffrir, par une torture infinie aux enfers, si de là les hommes priaient des millénaires pour que Dieu n'aille même pas jusqu'à leur changer torture en bonheur, faire cesser la torture, leur faire mourir pour ne plus vivre, faire cesser la torture pour de bon ; mais juste leur donner un petit temps de repos avant qu'elle reprenne, soit même quelques minutes, ou alléger leur souffrance pour un peu de temps, ou même pour qu'Il ne l'aggrave pas ; et qu'à ces prières, Il refusait d'exaucer, qui Le jugerait ? Dieu est Dieu de miracles : Puissant parce qu'Il a le pouvoir, Bon car Il peut faire grand mal mais fait de grands biens. Combien d'aussi grands miracles si ce n'est que le SEIGNEUR est Puissant et Amour ? Ayant le pouvoir de faire le mal, mais faisant le bien ; ayant le pouvoir d'infliger de grandes souffrances terribles, mais châtiant sur mesure ! Vouloir préserver sa vie même dans la souffrance est un témoignage de la grandeur du don de vie, et donc de la Grande Bonté et du Grand Amour de Celui qui la donne, elle et les autres choses. Avant donc de parler de Dieu à tort, que les hommes réfléchissent bien sur la Puissance de Celui à qui ils ont affaire, car l'homme n'est rien, il n'a même pas pouvoir sur sa vie car quand bien-même il se tuerait pour échapper à Dieu, Il le ressusciterait. Et si l'homme allait se cacher hors de cette terre, Dieu irait le chercher là-bas. L'homme voudrait n'être jamais né, mais il n'aura pas le pouvoir de disparaitre car il est là, prisonnier de son existence, et si Dieu a l'œil sur lui pour son mal, à cause de sa méchanceté, qui le délivrera ? C'est donc le temps de demander au SEIGNEUR de prendre pitié, car mieux serait n'être jamais né, que d'être servi indéfiniment de la colère du SEIGNEUR, le Puissant. Je souhaite que celui qui n'a pas des oreilles pour entendre comprenne et que celui qui les a, l'enseigne : Dieu ce n'est pas la blague, le Créateur n'est pas à prendre à la légère. La mort, n'être jamais né, seraient préférables qu'à goûter indéfiniment à la colère du SEIGNEUR, mais Sa bénédiction nous ferait vouloir pleurer à mourir de l'existence d'un tel Etre si Puissant, mais Bon.

Que l'homme craigne Dieu et l'aime surtout ; non pas venir à Lui seulement parce qu'on a peur de Lui, mais chercher aussi à L'aimer.

***Ne pas vite faire la victime** : telle consolation est efficace à te soulager, mais telle autre ne participe qu'à augmenter ton mal, comme si de l'écorchure tu passais à la blessure ; des flammes, à la larve.

***Ne pas vite s'irriter** : le fait de te révolter ne sera pas compté sur la tête de l'autre comme une faute s'il n'en a pas fait, tout comme le fait qu'il la fasse ne sera pas oublié même si tu ne t'énerves pas.

***Le sage a les mains coupées, celles de l'insensé sont en fer. / Le livre du pouvoir du sage est vierge, ceux de l'insensé en restant non-exhaustifs remplissent les bibliothèques. / L'insensé dominerait l'existence, aplanirait continents, remblaierait océans, apprivoiserait animaux sauvages, ferait de la forêt un jardin ; le sage ne peut réussir à respirer, à quitter son lit à l'aurore** : l'insensé, oubliant Dieu, compte sur lui-même et n'attribue pas à Dieu les instruments de ce qu'il pense être son pouvoir (force et intelligence). Le sage sait qu'il ne peut rien faire, homme qu'il est, sans Dieu : même respirer, quitter son lit ou même connaitre son nom.

***L'insensé méprise un bœuf rôti, le sage accueille à deux mains le pain d'avant-hier** : quand l'insensé est riche, il méprise les grâces de Dieu parce qu'il ne Le craint pas. Or le sage, voit en un morceau de pain une grandissime grâce de Dieu, sachant que ni plus petit ou plus grand, il ne peut créer.

***Fortune s'échangerait contre un morceau de pain** : telle est l'histoire d'un riche insensé qui amasse sans craindre Dieu.

Un jeune garçon, à la mort de son père fut héritier de grands biens. Il était intelligent ou du moins, il croyait l'être ; ses biens l'ont rendu puissant ou du moins il croyait que ses biens l'avaient rendu puissant. Avide de plus de puissance et de gloire, rempli d'orgueil, sans crainte de Dieu, il se dit : « voila, je suis déjà riche, mais je veux m'enrichir davantage au point d'être le plus riche du pays ». Doué d'un esprit perspicace, il investit beaucoup dans bon nombre d'affaires. Profondément appâté par le gain, il ne cherchait que son intérêt, en faisant souvent des injustices telles que la mauvaise rémunération de ses ouvriers ; mais lui s'enrichissait, sans craindre Dieu. Voila un jour, il fit le compte de ses biens et il constata qu'il était le plus riche du pays. Mais en réalité, il l'avait été bien avant le temps qu'il s'était fixé pour l'être, et son revenu dépassait de loin ce qu'il avait estimé pour une telle période. Menant une vie de jouissance et de puissance, achetant ci et ça, il continuait d'augmenter sa fortune, sans craindre Dieu. Ce qui sortait de sa table pour aller à la poubelle, dépassait très souvent la moitié de ce qu'on y avait déposé. Un jour, deux mauvais garçons venus d'un pays lointain apprirent sa puissance et en furent séduits mais ne préparèrent rien contre lui. Peu après cela, pénétrant dans sa propriété par hasard ils le virent en temps de loisir, sur son cheval entrain de galoper, seul. Lorsqu'il les vit, il fut irrité et débordant d'autorité, il vint pour les réprimander durement, pour les humilier. Les interrogeant durement, l'un d'eux le prit mal et se fâcha, et répondit selon comme on lui parlait ; l'autre se fâcha encore plus et le menaça : voilà, lui qui était venu en situation de force se retrouva en situation de faiblesse. Et puisqu'il tâtonnait, il leur vint à l'esprit de le dominer encore plus. Saisit de crainte, le riche fut encore plus affaiblit car lui était seul, et eux, à deux. Même la fuite n'était pas une bonne option car c'étaient des mauvais garçons. Le sachant affaiblit, ils décidèrent de le battre et après ils le firent prisonnier dans sa propre maison, c'était à cinq heures du soir environ. A huit heures il appela et l'un d'eux vint, il lui demanda à manger et à boire orgueilleusement, oubliant qu'il n'était plus dans même situation qu'avant. Quand celui qui l'avait écouté vint le dire à son compagnon, parut à l'idée de ce dernier qu'ils lui donneraient un des pains entiers qu'ils avaient trouvé dans sa maison et un verre d'eau en échange de tous ses biens, l'autre fut ému de ce que la proposition était si étonnante mais après avoir ricané, ils se résolurent d'agir tel. Ils le laissèrent affamé cette soirée et le lendemain, à l'aurore, ils lui firent la proposition : « tous tes biens contre ce pain d'hier et ce verre d'eau fraîche ». Le riche les méprisa violemment et les maudit en cœur et ne les répondit mot, sachant quand-même qu'il était en position de faiblesse. Ils s'en allèrent, sachant qu'ils n'avaient pas de pression, mais que c'est lui qui sera dans la pression, la pression de la faim. De toute la journée, ils ne passèrent plus le voir. Le troisième jour, à midi, ils vinrent le voir et lui proposèrent non plus la même affaire mais maintenant : « tous tes biens, en échange du demi pain, ce même pain, et un demi verre d'eau, au moins l'eau est neuve, mais le pain reste le même, mais coupé en deux ». Harcelé par la famine, il ne les répondit rien, mais eux étant partis, il les maudit de son cœur, s'étonna de la malchance et eut encore bien d'autres pensées, dont une qui stipulait qu'il pouvait déjà voir comment accepter l'offre. Mais il refoula cette pensée. Ces deux, ces mauvais garçons, qui eux aussi n'étaient pas pieux, ne vinrent plus vers lui toute cette journée. Le quatrième jour, c'est à dix-huit heures qu'ils vinrent et lui proposèrent cette affaire : « Donnes-nous tous tes biens en échange du quart du pain d'antan - et ils le lui montrèrent -, et de ce quart de verre d'eau ». L'eau était fraîche, mais le pain restait le même, à cette vue, combien s'est-il retenu d'accepter, car il avait faim et soif. Mais songeant à ses grandissimes biens, il doutait. Lorsqu'ils s'étaient tournés pour partir, c'est là où il les appela doucement, ils n'entendirent pas, puis il le fit une autre fois d'une voix plus forte mais lorsqu'ils étaient déjà éloignés ; ils entendirent mais refusèrent de venir. Harcelé par la faim et la soif, et troublé par la vue d'un peu d'eau et de pain, qui étaient à sa vue mais pas à sa portée, il se mit à faire beaucoup de bruit pour les appeler, pleura, mais eux, ne vinrent pas. Le cinquième jour, venus vers minuit, ils n'avaient pas commencé de lui parler quand lui, prosterné, leur priait vivement d'accepter prendre tous ses biens pour lui donner ce quart de pain et ce quart de verre d'eau, sans les diminuer de moitié, comme c'était de leur habitude. »

Ceci n'est pas une histoire pour vanter la cruauté, mais pour la condamner, qu'elle soit grande ou petite ; pour condamner le mal, qu'il soit petit ou grand. Aussi, pour enseigner qu'une fortune amassée pendant des années sans crainte de Dieu peut périr en une journée. Et encore, que la valeur d'une chose c'est par rapport à son utilité et non par la grandeur car en temps de famine, un morceau de pain vaut mieux qu'une pays en or, un verre d'eau vaut mieux que des océans plein d'argent. Enfin, que les hommes aient la crainte de Dieu, Lui qui peut délivrer Son serviteur du moindre mal, et qui peut laisser le méchant subir de grands malheurs : que les hommes le comprennent.

***Quantité de biens en soi n'est pas obstacle à l'amour de Dieu** : ni pauvreté ni richesse en soi-même ne rapproche ou n'éloigne de Dieu, aux yeux de Dieu les pauvres peuvent êtres méprisables tout comme des riches ; et des riches peuvent être aimés tout comme des pauvres. Mais la richesse est une lourde épreuve pour garder les yeux sur Dieu.

***Circonstance fait valeur** : c'est par rapport à la circonstance qu'on fixe la valeur. On donnerait la terre et ce qu'elle comporte si nous la possédions pour un morceau de pain en temps de faim.

***Premier discours, applaudissements, après le second, malédiction** : éviter d'être trop crédule pour croire celui qui parle en premier car quand il sera contredit par les arguments de l'autre, l'esprit faible sera prêt de le haïr, tellement il se croirait avoir été abusé.

***En soi, pas de sages, pas de scribes, pas de prophètes, mais instruments de Dieu** : la sagesse, la connaissance et la prophétie ne sauraient avoir d'énergie pour toucher et par cela être efficaces en œuvres si ce n'était Dieu qui les accompagnait. Autrement, ce serait donc des loisirs pour les auditeurs.

***Mieux vaut chercher à croire qu'à voir un signe** : on verrait de nombreux signes, mais on ne croirait toujours pas, comme cela a été le cas chez les juifs au temps de Jésus.

Miracle égale inhabituel : le miracle étonne parce qu'on n'a pas l'habitude de le voir, car bien de choses que nous voyons d'habitude, du soleil qui se lève au dessus de nous jours sur jours, à la terre sur laquelle on met une graine qui en produit cent, en passant par la pluie qui tombe du ciel et toutes ces autres forces de Dieu ; sont plus consistants que d'autres choses qu'on qualifie pourtant d'"extraordinaires", parce qu'on n'a pas l'habitude de les voir. Tout est donc miracle.

Salue bon et méchant, tu auras la paix : la marginalisation fait la guerre à l'âme.

Ne baisse pas les yeux, ne détourne pas le regard, ne change pas ton chemin, n'invente pas à faire, ne sois pas lent, ne te précipite pas ; salue ou va te faire pardonner : ceux qui adoptent parfois ces précédentes attitudes sont ceux qui évitent de saluer ou d'aller demander pardon.

Partage, même si tu le prenais seul, ça ne te suffirait pas : les hommes s'excusent souvent de ne point partager en accusant le fait qu'ils ont peu. Or à quoi servirait donc de ne point partager si même pour soi ça ne suffirait pas ? On peut donc donner un peu à l'autre, et le fait d'avoir fait du bien suppléerait à notre peu.

En esprit, point d'idées, stylo à main, il se vide ; en esprit, plein d'idées, stylo en main, rien : revers de l'inspiration.

Dieu choisit le fait et les moyens : il n'y a pas de moyens en soi valables pour quelque chose, il y a mille manières de faire une chose, et c'est Dieu qui choisit adopter ceci et laisser cela. Le sermon, l'écriture, la prophétie, ont du sens parce qu'ils ont été choisit par Dieu comme moyens pour le Salut, et non pas en soi-même, car Dieu a pouvoir de s'en passer et d'instruire l'homme par lui-même, dans son cœur.

Sagesse des hommes, folie devant Dieu : toute sagesse vient de Dieu, en dehors de Sa Vérité, Néant.

***Dieu crée, l'homme fabrique** : créer c'est faire venir, appeler à l'existence ce qui n'existe pas, faire apparaître : c'est le pouvoir propre de Dieu. Maintenant, selon la sagesse que l'homme a reçu de Dieu, il peut allier telle chose et telle autre pour obtenir ce qu'il veut ; donc, se servir de ce qui existe déjà pour les transformer en ce dont il a besoin ; transformer étant faire changer la forme : c'est ça fabriquer.

***Tel étudie mais ne complète pas, tel autre sans étudier complète** : la connaissance ne vient pas de la quantité d'enseignements reçus, mais de Dieu. Voila comment l'un sans avoir été enseigné connait, et l'autre étant enseigné a même de la peine à comprendre.

***Ne te presse pas pour dire à ton frère « je t'aime » ; souhaite son bien, prie pour lui et béni le dans ton cœur, tu l'auras aimé** : souhaiter le bien de quelqu'un, prier pour lui et le bénir non de bouche mais du cœur, montre plus qu'on a de l'amour pour lui que lui dire un « je t'aime » léger ou hypocrite.

***Sagesse ne s'oppose pas** : si tu opposes deux proverbes, son faiseur s'expliquera ; si tu opposes les maximes de deux sages, réunis, ils s'entendront et dans les deux cas, tu seras confondu. Comprends que l'un s'applique à telle situation, et l'autre, à telle autre.

***Cherches-tu le Salut ? Aimes Dieu et ton prochain** : les livres sont dépassés, le proverbe fait douter et mal compris, un enseignement égare. Aime !

***Penses-tu être hors de portée du péché ? Bienvenue dans connaissance et œuvres, le chemin reste long** : la vie du saint ne se limite pas à ne point pécher.

***Sagesse est sur langue, on s'en moquera ; sottise est sur papier, les sages prendront peur** : l'écrit a un pouvoir convaincant, voila comment l'argumentation écrite d'un sot peut causer qu'un sage doute de sa propre pensée qui est pourtant juste. Ceci parce que le débat n'est pas possible car l'homme est en face d'un livre alors que dans un débat, même la pensée sage est contredite, à cause de l'interactivité.

*****Le même Dieu, différents hommes, différents dons** : éviter la comparaison car Dieu utilise qui Il veut pour ce qu'Il veut, sur quoi se baserait-on pour dire que tel est meilleur que tel autre ?

*****Retiens ton désir, autrement tu seras humilié** : ceux qui s'emploient à satisfaire leur désir sans retenu courent parfois le risque d'humiliation.

*****Allez-vous servir ! Tel prends une poignée et la mange avec remord, tel prend un plateau, et reviendra** : les revers de l'esprit humain se confirment dans ce qu'il peut nous ennuyer quand de l'extérieur nous ne sommes pas en faute, et peut ne point nous reprocher quand de l'extérieur nous sommes haïs. Voila pourquoi au service libre, celui qui a prit beaucoup moins que ce qu'on peut normalement prendre selon comme tout le monde aura peut être gêné, pensant qu'il a abusé, alors même que celui qui a abusé finira et reviendra à nouveau.

*****Crains tu qu'un lion surgisse, le chat te fera détaler** : lorsqu'on craint qu'un malheur vienne, quelque chose de beaucoup inférieur à ce qu'on craint peut nous émouvoir. Tel est celui qui dans la nuit en forêt craint qu'un prédateur surgisse, et prend fuite au cri d'un oiseau.

*****L'orgueilleux, le médisant et l'insensé battraient Goliath s'il n'est présent devant eux, mais voila un estropié venu, ils prendraient peur** : les hommes de ce genre tiennent souvent certains discours durs à propos de leurs prochains quand les concernés ne sont pas là. S'ils venaient à arriver, ils en auraient honte.

*****Aide à ton niveau, car le malheur aussi à un sens** : si tu vois un homme qui passe par un malheur, prends-le en pitié et aide-le bien généreusement. Mais ne va pas faire l'ange comme si le malheur n'a point raison d'être, comme si c'était inhumain qu'à un homme arrive malheur. Souviens-toi que c'est dans le malheur que l'homme gagne les points de persévérance, et dans la détresse, ceux de la fidélité ; souviens-toi d'Abraham, et des autres grands parmi les hommes. ¨Si Dieu n'a pas épargné Son Fils de la souffrance, Lui Son Fils, est-ce un étranger qu'Il épargnerait ? ¨ me disait un ami dans mon malheur.

*__Au pays de la piété, les cheveux blancs sont rois, juges et notables ; au pays de la méchanceté, ils sont criminels multirécidivistes, jugés-coupables-à-verdict-sans-appel__ : lorsqu'un homme a vieillit dans le chemin de Dieu, à forte chance, il sera sage, capable d'organiser et de juger. Mais lorsqu'un autre a vieillit dans le chemin du mal sans s'y écarter, mieux vaut un enfant fou que lui.

*__Cheveux blancs n'est pas sagesse__ : la sagesse est don de Dieu, le nourrisson l'aurait si Dieu la lui donnait.

*__Maltraité, il sort fortifié ; chouchouté, il sort affaiblit. Quel spectacle pour les yeux de l'insensé !__ : Si par mauvais sens ou par méchanceté un homme s'emploi à maltraiter ou dorloter un autre à tort, il sera étonné de voir les retombées de ses actes qui sont contraires à ce qu'il escomptait.

*__Les sentiments sont intenses mais vides, prie pour que tous les tiens soient bons__.

*__Cherches-tu à plaire à Dieu ? Aimes sa créature__ : pour plaire à Dieu, que l'homme n'aille pas le voir dans le nombre de jours d'affilé qu'il peut jeûner, le nombre d'heures d'affilé où il peut prier, le nombre de passages bibliques qu'il peut réciter. Mais qu'il souhaite le bien de son prochain, ami comme ennemi, qu'il ne s'empresse pas de dire : « maudit » ou « que Dieu te punisse » ; mais qu'il bénisse et qu'il prie Dieu de pardonner sincèrement. Aimerais-tu que ton frère homme soit sauvé ; accepterais-tu avoir même quantité que les autres, pas plus grand qu'eux ; accepterais-tu servir les autres ; accepterais-tu que l'autre ait plus que toi ; ne souhaites-tu l'enfer pour personne, mais le repentir et le Pardon ? Si tu réponds à ces questions par ¨oui¨, réjouis-toi. Si c'est par ¨non¨, pourquoi te donner la peine de jeûner, de prier, de méditer, quand tu n'aimes pas le fils du Père, comment réagirait-Il à ton égard ? Commence donc par aimer car Toi aussi, tu Lui es chère.

*Veux-tu être parfait ? Aime Dieu et ton prochain, demande Lui de te donner de faire tout ce qu'Il attend de toi et seulement ça, si cela t'est accordé, qu'est donc la perfection ? : De même que celui qui trouve tout a tous les points, de même celui qui fait toutes les volontés de Dieu sans rien ajouter ou enlever est parfait, que ce soit juste pendant une certaine période car dans telle autre, et en homme, il reste pécheur. Le don à demander est celui de l'Esprit, c'est lui qui guide l'homme à faire les volontés de Dieu. Que l'homme ne cherche donc pas la perfection dans la manière de manger, de s'habiller, de rire, de marcher, de parler, d'embellir. Car Celui qui a fait celui qui mange vite et beaucoup, n'est-ce pas Le même qui a fait celui qui mange lentement et peu ? Celui qui a fait celui qui s'habille à la manière d'Aaron, les deux oliviers vêtus de sacs ne sont-ils pas eux-aussi Ses serviteurs ? Celui qui a fait l'homme sérieux n'est ce pas le même qui a fait l'homme joyeux ? Celui qui a créé le chef des milliers, Joab, qui parle avec autorité ; n'est-ce pas Lui aussi qui a fait le conseiller Houshaï, qui parle au roi avec douceur ? N'a-t-Il pas fait les longs pieds de Saül comme les courts pieds de Zachée ? Le simple et le complexe ? Aurait-Il donc refusé à un homme la perfection par la manière dont Il l'a fait ? Quelque soit ce que tu es, fais la volonté de Dieu, tu seras dans la course, même si en réalité tu es un estropié car le Seigneur disait : « *c'est l'Esprit qui vivifie, la chair ne sert de rien* »[8].

*Si quand tu es en joie tu loue Dieu par le chant, dans la peine, chante et danse ; si dans l'abondance tu sautes de joie pour Dieu, dans la famine et le besoin, bondis. A quoi sert la souffrance si ce n'est pour t'élever ? : A t'on déjà vu un homme vanté par Dieu, honoré par les hommes, par la seule et simple vie de jouissance qu'il mène en ce monde-ci et surtout après Jésus sur terre ? La souffrance permet d'éprouver, d'épurer, afin qu'on puisse voir qui est digne de Dieu, et non que

---

8*Jean* 6.63.

c'est par haine que Dieu laisse souffrir Ses élus. Celui qui est près à aimer Dieu même aux enfers, à Le bénir la main dans la larve, à l'adorer, ses côtes se dessinant sous sa peau, a consacrer sa dernière énergie à Lui rendre Gloire, moribond : est-ce pour un tel homme qu'est faite la souffrance, quand Dieu l'a déjà trouvé digne de Lui ? Dieu a t-il envoyé Abraham sacrifier Isaac deux fois ? L'épreuve de Job se fit succéder par une autre de semblable ? C'est à la manière de réagir à la souffrance que se montre qui est digne de Dieu ou pas, c'est à la manière de réagir à l'abondance qu'on découvre pour qui la richesse est faite ou pas ; car la souffrance n'est pas faite pour les élus de Dieu, puisqu'après un moment où Il les y laisse dans ce monde-ci, Il les délivre ; et la richesse n'est pas faite pour être stockée et pourrir, mais pour faire l'aumône et prodiguer, comme Dieu Lui-même prodigue. Si le plus grand est celui qui a fait ce que les autres n'ont pu faire, comment la grandeur serait-elle par rapport à la jouissance, à la richesse ? Qui ne peut en effet jouir, et qui si on lui mettait de l'or dans les mains elles pourriraient ? Ce n'est donc pas ça le chemin de la grandeur. Mais mieux que souffrir ou pas, il y a à souhaiter et prier pour faire la volonté de Dieu, l'un et l'autre en effet ne sont pas éternels en ce monde.

*La souffrance en face, l'homme s'affadit, derrière soi, il en tirerait orgueil : même les esprits assez forts auront du mal à accepter souffrir à tel moment présent ou futur, mais seront contents d'avoir enduré les souffrances passées et se vanteraient d'ajouter cela à leur palmarès. Voila pourquoi, je le pense, la souffrance nous vient à l'improviste, car s'il fallait accepter oui où non souffrir, bien d'hommes refuseraient, pourtant il le faut.

*Mieux vaut un merci qui vient du cœur, que milles qui viennent de la langue : à plusieurs fois, on peut remercier de bouche alors qu'on est insatisfait.

*L'eau ne mélange pas avec de l'huile, l'huile et le feu ne savent point être amis, de même la sagesse n'est pas faite pour un cœur hypocrite : la duplicité fait obstacle à la sagesse.

*De même qu'Eve fût séduite par le fruit présent à coté d'elle dans le jardin, de même l'homme vivant très près d'une femme ou une femme vivant très près d'un homme auront des jougs à porter pour éviter de pécher** : ce ne serait pas une situation idéale pour un homme de vivre dans le proche voisinage d'une femme qui n'est pas la sienne, de même que la femme, près d'un homme qui n'est pas le sien surtout lorsqu'ils passent une certaine quantité de temps seuls.

De même qu'un enseignement non répété est oublié, de même l'église (ensemble de frères en Christ) est bonne pour faire grandir piété et persévérance.

As-tu à combattre Goliath ? Veux seulement, tu l'auras à moitié tué : parfois, lorsqu'on a à faire quelque chose, le plus grand combat à remporter, est non de la faire, ou même de commencer, mais de vouloir. C'est ce court instant de doute qui est souvent le plus difficile à vivre.

Existence est heureuse, vie est dangereuse : les choses qui existent peuvent être déclarées heureuses en vertu de l'utilité qu'elles nous apportent, elles ne subiront pas la colère de Dieu. Or, hors mis la plante, l'animal a faim, se blesse, ou encore est dévoré vif : douleur ! Plus heureux encore est-il que l'homme qui encoure la colère de Dieu pour toujours ; il préfèrerait alors n'être jamais né, mais qui le lui accorderait ? C'est le moment de se remettre à Dieu corps et âme et espérer en Sa Grande Miséricorde.

Ne dis pas « c'est contre le proverbe » ; ne pense pas « c'est faux pour la maxime » ; agis : les proverbes et maximes ne sont pas fait pour qu'on agisse toujours selon ce qu'ils disent, mais pour qu'on les cite lorsque le fait y correspond. Ce que l'homme a à faire c'est d'agir comme Dieu le veut dans la situation présente, bonne coïncidence si l'acte correspond avec le proverbe ou la maxime.

A celui qui dit « je veux faire la moisson du SEIGNEUR » de purifier ses intentions : si tu le dis vérifie si tu es près à leur donner du pain, et non que ce soit toi qui veux leur prendre du pain, vérifie si tu es près à prier sincèrement pour qu'ils aient le bonheur, et non que ce soit par eux que tu veux avoir ton bonheur matériel.

*Une chose m'a plu dans ce monde, pour une autre j'ai vu un sens en la vie, la troisième est appréciée par mon cœur : aimer Dieu, ramener le pécheur, prononcer le nom du SEIGNEUR avec respect.

*Pour une chose, j'ai pensé que l'homme gagnerait à être délivré, la deuxième est importante pour le Salut, la dernière est la qualité du saint : l'amour désordonné des femmes, l'amour de tous les hommes (susceptibles par leur humanité d'être appelés fils de Dieu), et l'esprit sans hypocrisie.

*En deux choses, j'ai pris plaisir, l'autre, c'est ma part en ce monde : adorer Dieu, faire sa volonté et l'aimer.

*Bien de choses de ce monde, j'ai comprises, mais une, je ne peux la décrire, c'est l'amour à pleurer que j'ai pour mon Créateur, pour Dieu mon Père, et Jésus mon Seigneur.

*Bien de choses j'ai faites, je serai ravi d'être connu d'en haut pour une autre, c'est celui qui aime Dieu au point de vouloir l'aimer encore plus, comme il n'existe plus après cela.

*Il y a une chose que je trouve bon de faire sous le soleil, dégouté de la vie, j'y resterai pour la deuxième : aimer Dieu et aimer Dieu, me réveiller par Lui et dormir avec Lui, sur ma langue et dans mon cœur.

*Qui écoutera mon conseil ? Et mon testament, qui le respectera ? Aime Dieu et si tu veux faire autre chose, aime-Le.

*Je te conseille une chose, si tu n'obéirais pas à la deuxième, mieux vaut fermer le livre : Aime Dieu et Jésus, aimes le SEIGNEUR et le CHRIST.

*As-tu continué de lire, je te fais donc un cadeau : Aime Dieu et obéis à la parole de Jésus.

Aime Dieu sept fois car ce qui suit a toujours un rapport, aimes Jésus sept fois, ce serait meilleur que de continuer à lire ma sagesse.

II - Quelques paraboles pour le plaisir de l'esprit

- **J'ai vu un homme né comme les autres, ayant grandi comme les autres, arriva a l'âge adulte et aima une femme. Il l'aima de son cœur, puis il l'aima de son âme, puis, de son esprit, puis, il l'aima encore. Après que bien de temps soit passé, il constata donc que ce n'était pas un coup de foudre qu'il avait pour cette femme, et la voyait donc comme la femme de sa vie. Voulant donc l'épouser, il alla dire à son père ce qui précède, et qu'il veut que ses père et mère l'accompagnent pour chercher cette femme** : cette personne est un homme qui aime Dieu et veut Le servir. Cette femme c'est l'Esprit de Jésus pour le guider. Ces père et mère sont deux de ses amis, à qui il a demandé de prier pour lui afin que ce qu'il veut lui soit accordé du SEIGNEUR.

- **J'ai vu des hommes courir à trébucher et beaucoup souffrir pour acheter les ordures à grand prix, et fuir de tous leurs membres en suppliant pour ne pas recevoir l'or fin** : j'ai vu des hommes se donner beaucoup de mal pour acquérir des connaissances qui vont les égarer, et ne point s'intéresser à ce qui peut les aider à bien se cadrer, ce qui est pourtant à leur portée.

- **J'ai vu un homme qui avait semé une fleur dans son jardin pour qu'elle parfume les autres plantes, quand il revint pour voir si elle avait fait son travail, il trouva qu'elle avait poussé à l'envers. Maître, je T'en prie veille sur elle avec pitié car Toi, Tu peux tout** : j'ai pensé que Dieu a envoyé les hommes sur terre pour Le servir en habillant richement, en rendant jolie et beau l'esprit qu'il leur a donné ; notamment après cette époque du passage de Jésus sur terre. Ceci, par la pudeur, la virginité jusqu'au mariage, la douceur, l'humilité, la soumission, la bonté, le travail, la moisson, la générosité, l'amabilité ... Mais j'ai vu dans la création de Dieu les hommes, et plus particulièrement chez les femmes, la recherche de la beauté, mais du corps. Or qu'est le corps sinon la pourriture ; un instrument pour faire manifester les œuvres de l'esprit et retourner poussière ? Voila comment chez les hommes, on embelli la poubelle, et salit l'or fin. Je souhaite que Dieu prenne pitié, vraiment et vivement je le souhaite car la coupe de Dieu, enivre.

- **J'ai vu, dans un quartier pauvre, un lieu où l'on distribuait du pain et de l'eau à satiété, autant que celui qui en voulait demandait, et autant de fois qu'il venait demander, mais les hommes de ce quartier, tous les jours, mouraient de faim et de soif** : j'ai vu que Dieu est la solution à tous nos problèmes, mais que des gens souffrent à mourir pour un rien, parce qu'ils ne se remettent pas à Lui.

- **J'ai vu des porcs envoyer une partie de leurs excréments par-dessus la porcherie, et les agneaux laisser l'herbe fraiche pour foncer dessus, les manger et mourir** : j'ai vu des hommes laisser le meilleur (vêtement, loisir, mode de vie) pour aller au pire, au péché, parce que celui-là vient d'ailleurs, d'un lieu soi-disant développé.

- **J'ai vu un mouton borné foncer dans un trou et les autres l'ont suivi, j'ai vu que l'imitation peut être suicidaire** : j'ai vu des hommes impies se détourner de Dieu qui se sont faire suivre même par ceux qui se revendiquent de Lui, j'ai vu que l'ignorance est un grand maître, l'imitation son mode de recrutement, et son œuvre, la folie. J'ai vu des hommes se réclamer de Dieu et faire les éloges du mal.

- **J'ai vu deux hommes qui faisaient leur chemin dont les bandits sont tombés sur eux, le premier a été poignardé dix fois dans le ventre et il est mort, le second, une fois dans le ventre et n'est pas mort** : j'ai vu qu'en augmentant ses péchés par la récidive, on court le risque d'y rester et qu'en les évitant, davantage on va vers sa guérison que Seul Dieu donne.

- **J'ai vu le fruit de la sorcière : beau à voir, sucré dans la bouche et amère de manière chronique dans les entrailles** : j'ai vu que le péché a belle apparence, bon lorsqu'on jouit de son fruit, mais les remords suivront jusqu'au jour de la mort.

- **J'ai vu un homme qui avait envoyé son oiseau dans la forêt faire une commission, y arrivé, l'oiseau laissa admirer sa beauté, montra sa splendeur, et se perdit, il ne revint plus** : j'ai vu une femme présente quelque part seule autour de nombreux hommes, dangereux ! Et s'occuper à rire avec eux, faisant la frivole, dangereux et dangereux ! J'ai vu l'imminence d'une lourde œuvre : amasser péchés sur péchés : très dangereux !

- **J'ai vu un père très riche qui voulait faire du bien à son fils et qui le prit pour l'amener dans une boulangerie et lui dit : « mon fils que j'aime, prends tout ce que tu désires ». Le fils, animé par une pensée trouble, se mit à faire des réflexions qu'il ne devait pas faire : « si on me fait du bien pourquoi vais-je ruiner » ? « il faut être sage », « il ne faut pas abuser » … Il prit un pain et s'en alla. Arrivé à la maison, il mangea et ne fut pas rassasié. Il vit son frère qui avait prit cinq pains et se mit à le jalouser de l'intérieur, parce que lui, avait encore faim. Puis il réfléchit et se dit : « mon père que j'aime est très riche et est homme à donner ce qu'on désire à la quantité qu'on désire, il m'a demandé de prendre ce que je veux et par un esprit trouble, j'ai pris comme cela ne me suffisait pas, pourquoi ai-je jalousé mon frère qui a eu plus que moi et qui pour ce fait n'a rien à se reprocher ? C'est de ma faute, c'est l'esprit trouble, qu'il soit banni de moi ! La prochaine fois, lorsqu'il m'amènera, je prendrais des paniers de pains, j'en mangerai a satiété, je me ferai des réserves, j'en** donnerai à mes amis, et je commanderai que chaque fois que j'ai envie, on vienne me livrer autant que j'ai besoin, jusqu'à domicile** : j'ai vu un homme qui n'était pas plein satisfait de ce qu'il avait reçu de Dieu et doutait comme par jalousie sur un autre, qui avait ce qu'il convoitait. Et il se dit : mais est-ce que j'ai demandé cela au SEIGNEUR ? Maintenant, je demande vraiment ce que je veux, au point où pas une chose que je veux, je ne la demanderai pas, même si Dieu accepte m'en donner comme Il n'en a pas fait depuis la Création, je le prendrai et je le remercierai car Dieu est le Père riche dont la richesse ne finit pas, ne diminue même pas, autant qu'Il donne, Il en donnera autant, éternellement, et Son pouvoir de donner autant ne diminuera pas. Ce que cet homme a demandé à Dieu, c'est de faire toutes Ses volontés.

- **J'ai vu un serviteur dont le maître a laissé pour la gestion de ses biens. J'ai vu ce serviteur prendre les biens de son maître et lui envoyer des messagers autant de fois qu'il en prenait pour aviser le maître de son acte, et s'excuser ; tout ceci, avant l'arrivée du maître. J'ai vu ce maitre revenir, en étant déjà apaisé sachant ce qu'a fait son serviteur. J'ai vu un autre, de la même manière prendre sans aviser, le maitre revenu se mit en colère et le punit** : j'ai vu que c'est bon pour un homme de demander pardon à sa victime comme à Dieu quand il commet un péché, et de s'habituer à demander pardon à Dieu, de peur qu'il ait commis un péché involontaire qui reste jusque là sans pardon. Mais surtout de fuir le péché car même le péché ne fait pas jouissance que la sainteté.

- **J'ai vu un homme prendre courage et traverser la mer pour le bon pays, et son frère prendre peur, essayant de traverser sans finir, et ne pas arriver dans le bon pays** : j'ai vu que c'est bon de prendre courage et résister à la tentation dans la foi en Dieu et la persévérance dans la prière jusqu'à ce que l'homme arrive au niveau où ne plus pécher lui devient facile et bénéficier à la Fin du Salut, et non de rester faible pour risquer gros.

- **J'ai vu que c'est bon de jeter les ordures et de laver ses mains avant que le roi ne vienne** : j'ai vu que c'est bon pour l'homme d'abandonner le péché et de se sanctifier avant que Jésus ne vienne, ou avant même que l'homme ne meurt.

III – Eloge des anciens et du peuple d'Israël

Nous, gens d'aujourd'hui, vivons à une époque où des myriades nous ont précédées. Parmi ces myriades comme de nos jours, il y a eu des bons et des mauvais, des hommes célèbres et d'autres non-célèbres, des hommes tellement grands, tellement élevés par Dieu au point d'être sujets d'étonnement, mais qui ne sont plus. Or si le moindre honneur qu'on peut réserver à un mort c'est de ne plus médire son nom même s'il était méchant, je pense que ce qu'on peut aussi faire de moindre pour un grand, un juste, c'est un éloge, une bénédiction de sa mémoire, pour qu'on se souvienne de lui. Tout comme Ben Sira et Jésus[9] chez les anciens dans le judaïsme, j'ai choisi faire l'éloge de quelques dont juste les noms de certains sont comme des bénédictions.

Adam et Eve : Adam et Eve, nos premiers ancêtres méritent un éloge, premiers nés de la création humaine, eux qui n'ont pas connu la présence dans le ventre d'une femme, mais qui ont été faits directement par le doigt du Puissant, le SEIGNEUR notre Dieu. Grands renoms sont ceux d'Adam et Eve, ceux dont on n'oublie pas, même si bien de choses dans leur vie nous sont ignorés. Dommage que leur transgression a ternie leurs si grands noms.

Abel : Béni soit Abel le juste, béni soit-il. Ayant été victime d'une injustice de son frère, le Fils de Dieu vint sur terre des millénaires après réclamer son sang versé ; béni soit Abel.

Hénok : La vie d'Hénok ne nous est pas si détaillée, mais quelle grandeur semble avoir eu ce personnage ! « *Hénok vécu en tout trois cent soixante-cinq ans.*

---

9 *Siracide.*

Ayant suivi les voies de Dieu, il disparut car Dieu l'avait enlevé. »[10] Je me suis demandé si Dieu enlevait le juste ou le sage.

Noé : A Noé aussi un grand honneur revient. Sans lui, où serions-nous ? Par sa justice Dieu l'épargna de la Catastrophe, lui, sa femme ainsi que ses enfants et leurs femmes. Quand le monde fut comme quand l'homme n'était pas, vide et désert à cause de la méchanceté, lui, trouvé juste, était. Et c'est de ce petit reste que ces myriades présentes sont descendantes. Béni soit Noé.

Abraham : Devant Dieu et devant les hommes, grand, grand et grand est Abraham : homme juste, homme généreux, homme soumis, homme bon, homme sensé … quoi de mieux ? Résistant aux douleurs de l'épreuve comme du manque de descendance il fut vu d'un œil agréable par le Tout-Puissant. Pour cela tes fils ont eu du bonheur et tout homme peut se dire descendant d'Abraham. Et pour le comble, tu as vu le prêtre du SEIGNEUR qui t'a béni lui aussi : Melkisédeq. Béni soit Abraham ; béni soit-il de la bouche des hommes, bénie soit aussi Sara, la mère d'Isaac.

Loth : Loth aussi a droit d'être cité comme juste et grand : neveu d'Abraham, ils se séparèrent pour éviter les querelles et il partit habiter dans un lieu où se pratiquait le mal. Resté juste, il aurait eu du mal à supporter l'iniquité qui se pratiquait autour de lui. Par son hospitalité, il accueillit des anges qui lui firent une faveur. Ce qui augmenta à la gloire de Loth, c'est qu'on retarda l'heure d'un grand malheur pour le faire quitter le lieu du drame et de ne point être ainsi touché, puisque ce n'était pas pour lui que cela était destiné.

Isaac : Béni soit Isaac, fils d'Abraham le grand. Lui aussi reçu les messages du SEIGNEUR qui confirmaient l'Alliance entre son père et sa descendance, car Dieu reste fidèle et Son serment se fait. Bénie soit aussi Rébecca la mère des jumeaux.

10*Genèse* 5.23.

Jacob : Grand est Jacob, d'une grandeur et d'une gloire venant de Dieu. Les Trois (Abraham, Isaac et Jacob) on eu en effet tous, comme qualité la soumission et le respect du SEIGNEUR, le Puissant ; et Il les a élevé comme constatable : la grandeur s'est transmise de père en fils ; sur combien de générations ? Une élévation miracle, est celle dont a jouit les fils d'Abraham. Le Puissant dit à Jacob : « *Ton nom est Jacob. On ne t'appellera plus du nom de Jacob, mais Israël sera ton nom* »[11] ; ce nom vient de Lui. Si Abraham fut vraiment grand par le nom, Israël fut grand en gloire : douze grands noms sont issus de ses reins, son fils eut pouvoir et gloire dans le pays de la gloire, il fut pleuré par les hommes d'une terre qui ne l'a pas vu naître. Ta vie m'a plu et la bénédiction de tes fils m'a émue. Béni soit Jacob, le patriarche ; bénis soient ses femmes Léa et Rachel, leurs servantes Zilpa et Bilha, et les fils : Ruben, Siméon, Lévi, Juda, Dan, Nephtali, Gad, Asher, Issakar, Zabulon, Joseph et Benjamin. Bénie soit aussi Dina, la sœur des grands.

Lévi : Le renom de la tribu est meilleur parmi les autres que le renom de l'homme parmi ses frères. Que Lévi soit béni, lui qui était le prêtre du SEIGNEUR, celui à qui le Puissant s'est attaché.

Juda : Le renom de la tribu est meilleur parmi les autres que le renom de l'homme parmi ses frères. Heureux Juda, le roc d'Israël, le sceptre de la nation.

Benjamin : Benjamin a le sang le plus pur des douze d'Israël et grande fut sa force. Il est le fils de la femme non pas de la servante, et en plus le fils de la femme du cœur et non celle de la ruse du beau-père ; et, par rapport à Joseph le plus grand, son nom n'a pas été scindé en deux : voila la pureté de Benjamin : éloge à lui, fils très aimé de son père.

Joseph : Plus grand de tous ses frères, grand en sagesse comme en gloire venant du Puissant qui l'a choisi bien anciennement. Le nom de l'homme fut si

---

11 *Genèse* 35.10.

grand, mais ses deux parts ne portèrent pas son nom, c'est le nom de ses deux fils : Ephraïm et Manassé.

Moïse : Moïse le libérateur, le grand prophète, l'homme humble, puissant, glorieux, foutrement et vachement élevé par Dieu le Tout-Puissant. Tu fus élevé comme un noble en Egypte, après l'avoir quitté pour Madiân où tu as vécu, le SEIGNEUR te fit revenir après t'avoir parlé, t'avoir donné le pouvoir de faire tant de choses extraordinaires, mais ce n'était que le début de ce qui allait continuer pendant quarante années : parler avec tant de récurrence à Ce qu'il y a de plus Grand dans l'existence : Dieu, Le plus Grand des Vivants, alors que pour l'avoir fait une fois avec un ange et en rêve, un homme jubilerait ; sans compter les nombreux miracles que le SEIGNEUR a fait par tes mains. Comment mesurer ta grandeur Moïse ? En coudée ou en année lumière ? Béni soit Moïse, béni d'Israël, béni de tous les hommes. Bénis soient aussi Aaron et sa descendance dont Eléazar, Itamar, Pinhas. Bénis soient aussi Myriam, Josué et Caleb : Tous ont travaillé pour le peuple de Dieu : Israël.

Josué : Josué, successeur de Moïse comme guide du peuple de Dieu d'Egypte en Canaan se fit aussi une grande gloire. Dieu fit par lui des miracles étonnants, dignes de grandeur : si Moïse a fait passer la mer à pieds secs, Josué fit passer le Jourdain à pieds secs. C'est par Josué que la promesse que Dieu a faite d'antan à Abraham se réalisa : la fixation de ses fils en Canaan. Béni soit Josué, fils de Noun.

Samson, Gédéon, et les juges : Bénis soient les juges d'Israël, ceux qui ont travaillé pour le peuple du SEIGNEUR, pour le bien d'Israël. Samson eu une main puissante pour battre les ennemis du peuple du SEIGNEUR, et plusieurs autres choses ajoutèrent à sa grandeur : pour combien d'hommes un ange est venu annoncer la naissance, et par deux fois parla à sa mère quand il ne fut pas encore né ? Gédéon quant-à lui vit les signes du SEIGNEUR tant de fois ; le SEIGNEUR fit tant de miracles à ses yeux en un temps si petit et il délivra le peuple de la main d'un ennemi fort. Bénis soient aussi les autres juges dont Jephté.

Samuel : Dernier des juges d'Israël, Samuel fut si grand : sa mère lui promis consécration au SEIGNEUR avant sa naissance ; et sevré, c'est dans la Maison du SEIGNEUR à Silo qu'il vécu dans sa jeunesse avec Eli[12] le prêtre de Dieu. C'est là ou il reçu l'appel de Dieu, et dès lors, Dieu l'éleva : il sauva le peuple d'Israël de la main de leurs ennemis, il donna en premier des rois au peuple du SEIGNEUR, il oignit en premier Saül le fils de Qish de la tribu de Benjamin, l'homme dont « *il n'a pas son pareil dans tout le peuple* »[13]. Suite a la transgression de Saül le messie du SEIGNEUR, Dieu l'envoya oindre David le fils de Jessé de la tribu de Juda, comme roi sur Son peuple. Même après être mort, Samuel prophétisa encore, lorsque Saül alla chez la magicienne demander quel était son sort. Grand est Samuel, Grand et Grand.

Saül et Jonathan : Saül fut le premier roi d'Israël ; celui que le SEIGNEUR a choisi par l'intermédiaire de Son prophète. Saül sauva le peuple du SEIGNEUR de la main de ses ennemis et dirigea le peuple du SEIGNEUR d'un bon cœur. Mais à cause d'une mauvaise situation, il désobéit au SEIGNEUR, ayant peut-être prit Sa parole à la légère. Cela suscita les pleurs du prophète pendant bien de temps, puisqu'il aimait celui qu'il avait oint. Mais plus encore, après malheur, vint le malheur : il fut pris d'une vive jalousie pour David le choisi, et dès lors accumula péché sur péché au point de faire tuer les prêtres du SEIGNEUR. Mais Saül fut le messie du SEIGNEUR, au SEIGNEUR le pardon. Béni soit Jonathan le fils du roi, l'autre roi fut prit d'une merveilleuse amitié pour lui plus belle que l'amour des femmes.

David : David, David, David. Que doit-on dire de toi ? Par où commencer ? Qu'est-ce nom ? Qui est cette personne ? Quelle est cette nature ? Comment on te

---

12 Non pas Elie le prophète.

13 *1 Samuel* 10.24.

créé ? Si on parlait de toi en détail, combien de livre remplir ? Si on parcourait ta vie, où voir une tâche ? Toi qui lavais la tâche au point de rendre le vêtement entaché meilleur que le neuf ; toi que c'est la manière dont tu te relevais qui était si belle au point où on accepterait que tu sois tombé, non pour ton mal, mais pour te voir te relever et savoir comment on se relève. Regarde en haut, en bas, devant, derrière, à gauche et à droite : qui est comme David ? Tu es un modèle David, un modèle de relèvement pour ceux qui tombent. Ta création a-t-elle été particulière pour le SEIGNEUR ? A-t-Il plus mit d'énergie à ta création qu'à celle des autres ? Grand est Dieu à jamais qui créé un homme comme David, Grand est Jésus à jamais qui du haut regarde un homme comme David. Mais pourquoi as-tu été si grand ? Pour que les hommes puissent comprendre, n'est-ce pas parce que l'amour de Dieu coulait dans tes veines, et que c'est la crainte de Dieu qui entrait et sortait de tes poumons ? Même mort, le SEIGNEUR parla de toi comme si tu étais encore vivant. Ton nom devint celui du père des rois. Aussi longtemps que cette terre existe, soit béni des hommes David, que ton nom seul soit une bénédiction. Homme, veux-tu évoquer une histoire où tu mets en perspective l'amour d'un homme pour Dieu et tu cherches un homme ? Prends David. Oui, il a aimé Dieu, Il a été comme un chrétien avant le CHRIST. Sa justice le laisse bien voir, car les qualités de sa vie dépassaient la qualité du juif : aimer son ennemi alors qu'il est en droit de le haïr, pardonner alors qu'il est en droit de punir, épargner la vie alors qu'il est en droit de l'effacer et bien d'autres choses. Ton éloge David, le cœur le fait avec passion. J'ai connu des choses dans ma vie, dont te bénir et te bénir. Dans le testament de l'histoire de ta vie, chrétiens que nous sommes nous pouvons voir de grands biens que tu nous as laissé, ces fortunes immenses : l'amour de Dieu, l'amour de l'ennemi, le pardon, l'humilité, la ténacité et plus grand encore est l'amour de Dieu, et plus grand encore est l'amour de Dieu, et s'il fallait continuer, je continuerai par l'amour de Dieu. Merci David, Que Dieu m'accorde la grâce de te voir au Royaume, même de loin. Béni soit à jamais le SEIGNEUR, notre Dieu.

Salomon : « *Vanité des vanités, tout est vanité* »[14] a dit Salomon, l'enfant aimé de "père sagesse" et de "mère science" ! Dieu a vu la vanité chez les juifs, il a donné aux chrétiens le Chemin, la Vérité et la Vie. Qui possède la sagesse si ce n'est l'homme, qui est éminent sage si ce n'est Salomon ? Tu as jouit de la grandeur de ton père devant Dieu, puisque c'est en honorant sa fidélité à David son éminent serviteur qu'Il t'a élevé, mais tu t'es fait un nom grand comme ton père se l'ai fait. La sagesse dont tu usais est ce que cherchent les saints de Dieu. Tu as beaucoup contribué au bien d'Israël, le peuple du SEIGNEUR, même si, à cause d'une mauvaise circonstance, tu as été l'origine d'un mal en Israël que Dieu n'aime pas depuis qu'Il a fait ciel et terre. Mais nous comprenons la circonstance, et à Dieu de disposer de Son pardon immense. Grand es tu Salomon, de la descendance de David.

Elie et Elisée : Un autre grandissime personnage que j'admire c'est Elie. Son appel par Dieu nous est obscur, mais son rappel par Dieu est très clair : un homme qui monte aux cieux comme un feuille qui quitte la terre pour les airs. Elie a été comme un homme-ange, habitant la terre mais jouissant d'un pouvoir grandissime. Si Moïse faisait des miracles lorsque c'est Dieu qui le lui ordonnait, Elie était comme son dieu par rapport à Moïse, faisant des miracles quand il en a envie. Mais il n'avait qu'Un Seul Dieu qui lui a donné tout ce pouvoir : le SEIGNEUR, le Dieu des Puissances dont il était passionné dans une période où le peuple s'était détourné de son Bienfaiteur ; dont il était fidèle en une période où le peuple fut infidèle. Dieu lui donna donc une gloire immense, que les hommes prononcent le nom d'Elie avec respect. Quelle gloire Dieu a donné à Elie ! Un homme qui ferme le ciel et pendant plus de trois ans, il ne pleut pas sur ce lieu, un homme dont ce sont les corbeaux qui viennent lui donner son repas matin et soir, préparé par qui, si ce n'est par Dieu ? Un homme qui fait manger une poignée de farine et un peu d'huile à des gens pendants des années, un homme qui fait tomber le feu du ciel plusieurs fois, un Homme qui prie Dieu et Dieu l'exauce par un signe là même, un homme qui dit des oracles pour

---

14*Qohéleth* 1.2.

annoncer le futur, un homme qui mange deux fois un repas que vient lui présenter un ange de Dieu, et qui après marche pendant quarante jours et quarante nuits jusqu'à la montagne du SEIGNEUR, un homme qui fends les eaux de son manteau de prophète, comme Moïse l'a fait avec son bâton de berger ; et pour couronner, un homme qui ne meurt pas comme les autres grands sont morts, mais monte au ciel dans la tempête et est annoncé par Dieu comme celui qui reviendra. Qui est-il ? Cet homme, c'est Elie. Béni soit Elie, le grand prophète de Dieu. Au moment où il allait quitter la terre, il laissa son manteau à Elisée, et à ce dernier fut donné son esprit par le SEIGNEUR. Que dire d'Elisée ? Il fit comme Elie.

Abiya, Asa, Josaphat, Ezéchias et Josias : Tels sont quelques rois exemplaires qui ont fait du bien au peuple du SEIGNEUR. Eux aussi méritent un éloge.

Cyrus : « *Ainsi parle le SEIGNEUR qui te rachète, qui t'a formé dès le sein maternel : c'est moi, le SEIGNEUR, qui fait tout ; j'ai tendu les cieux. Moi tout seul, j'ai étalé la terre, qui m'assistait ? Je neutralise les signes des augures, les devins, je les fais divaguer, je renverse les sages en arrière et leur science, je la fais délirer. J'accomplis la parole de mon serviteur, je fais réussir le dessein de mes messagers : je dis pour Jérusalem : « Qu'elle soit habitée », pour les villes de Juda : « qu'elles soient rebâties », ce qui est dévasté, je le remettrai en valeur. Je dis à la haute mer : « Sois dévastée, tes courants, je vais les dessécher ! » Je dis de Cyrus : « C'est mon berger » ; tout ce qui me plaît, il le fera réussir, en disant pour Jérusalem : « qu'elle soit rebâtie », et pour le Temple : « Sois à nouveau fondé ! »*[15] De qui le SEIGNEUR Lui-même a déjà parlé ainsi ? Cyrus n'était pas israélite, mais grand fut-il.

Ahiyya, Nathan, Esaïe, Jérémie, Ezéchiel, Osée, Joël, Amos, Abdias, Jonas, Michée, Nahoum, Habaquq, Sophonie, Aggée, Zacharie et Malachie : Bénis

---

15*Esaïe* 44.24.

soient ces prophètes, et les autres dont leur si grand nom n'y est pas écrit. Ils ont participé, selon la grâce qu'ils ont reçu de Dieu au bien de Son peuple et même d'autres.

Avner, Joab : Premiers chefs de guerres à l'époque royale dans l'histoire du peuple de Dieu. Braves et braves, vous étiez ceux qui organisaient les armées du SEIGNEUR pour combattre et détruire les ennemis de Son peuple, à vous aussi, il est bon de faire un éloge. Avner, oncle du roi Saül fut chef de l'armée dans la maison de Saul ; et Joab, neveu de David, fut chef de l'armée dans la maison de David. Et lorsque la royauté fut enlevée à Saül pour être remise à David, ce premier fut récalcitrant. Dommage que des mauvaises situations entraînèrent des querelles et guerres fratricides ! Avner tua Asahel non par méchanceté mais parce que ce dernier le harcelait par une poursuite suicidaire ; Joab tua Avner pour se venger du sang versé de son frère, quelle mauvaise situation ! Chefs de guerre, parfois du sang versé à tort, mais à Dieu de disposer du pardon. Eloge aussi à Avishaï et à Asahel, celui qui avait : « *le pied aussi léger qu'une gazelle des champs* ».[16] Eloge aussi à tous les braves et serviteurs du SEIGNEUR de la maison de Saül, de celle de David et de tous les autres rois à l'époque royale, même après la déportation, jusqu'au CHRIST.

Sadoq, Abiatar, Daniel, Tobit, Tobias, Esther, Madorchée, Hananza, Azarya, Mishaël, Judith, Mattathias, Maccabées (Simon, Judas, Jonathan, Jean) Néhemie, Esdras, Zorobabel, Yehoyada, les martyres[17] (les sept frères, leur mère et Eléazar): voici quelques noms qui méritent un éloge, comment savoir si tous sont blanchis aux yeux du SEIGNEUR ? Mais c'est humain de faire parfois des fautes, à Dieu de disposer du pardon.

---

16 *Samuel* 2.18.

17 *Maccabées* 6-7.

Ben Sira et Jésus : Un éloge convient aussi aux scribes et sages à l'exemple de Ben Sira et Jésus, enseignants de la sagesse pour la clairvoyance des hommes. Sans le sage, le peuple divague : un éloge leur convient.

Zacharie, Elisabeth : Zacharie et Elisabeth furent trouvés justes devant le SEIGNEUR, Il leur donna une gloire par leur fils. Combien d'hommes se vanteront d'avoir eu Jean pour fils, l'Elie du SEIGNEUR ? Bénis soient-ils.

Jean[18] : « *Qu'êtes-vous allés regarder au désert ? Un roseau secoué par le vent ? Alors, qu'êtes-vous allés voir ? Un homme vêtu d'habits élégants ? Mais ceux qui portent les habits élégants sont dans les demeures des rois. Alors qu'êtes-vous allés voir ? Un prophète ? Oui, je vous le déclare, et plus qu'un prophète. C'est celui dont il est écrit : Voici, j'envoie mon messager en avant de toi ; il préparera ton chemin devant toi. En vérité, je vous le déclare, parmi ceux qui sont nés d'une femme, il ne s'en est pas levé de plus grand que Jean le Baptiste ; et cependant le plus petit dans le Royaume des cieux est plus grand que lui* »[19]. A propos de qui Jésus, le Fils du Dieu Vivant a fait une telle déclaration ? De qui a-t-Il reçu Son baptême ? Béni soit Jean, le messager du SEIGNEUR.

Marie et Joseph. Avec quoi mesurer la gloire de Marie, celle qui fut trouvée digne d'accueillir le Fils de Dieu ; et celle de Joseph fils de David, celui qui Le protégea contre ceux qui en voulait à Sa vie, celui à qui l'ange du SEIGNEUR a parlé plusieurs fois. Comment les bénir ? Bénis soient-ils. Eloge aussi à Anne et Syméon qui ont vu avant de mourir le Messie du SEIGNEUR.

Les Onze (Pierre, André, Jean, Jacques le fils de Zébédée, Philippe, Barthélémy, Thomas, Matthieu, Jacques le fils d'Alphée, Thaddée Simon le Zélote) et Matthias : si grands furent les hommes de Dieu dans le judaïsme, combien à plus forte raison seront ceux du christianisme et combien immense la grandeur sera

---
18 Jean, le Baptiste.

19 *Matthieu* 11.7-11.

celle de ceux qui on été à gauche et à droite du Seigneur pendant son séjour sur terre : ceux à qui Il a parlé, ceux qui ont mangé à Sa table, ceux qui ont marché avec Lui, ceux à qui Il a enseigné face à face, ceux à qui Il a même lavé les pieds, ceux qui L'ont vu dormir, ceux qui L'ont vu faire maintes choses aussi grandes qu'on n'a pu nous les raconter toutes, ceux à qui Il a fait la promesse, ceux qui sont aller dans Sa moisson, faisant ainsi de grands biens aux hommes : tellement c'est grandiose qu'on vienne prendre du péché pour ramener au bien, épargnant ainsi de la colère du Puissant. Doit-on mettre les mots sur leur gloire ? Simon, le berger des brebis du SEIGNEUR ; Jean, celui que Jésus aimait. Est-ce compréhensible que Jésus t'aime en particulier Jean ? Quelle grâce ! Bénis soient les apôtres, les Onze ainsi que Matthias le douzième, et Etienne, le premier des martyrs à cause du nom de Jésus.

Paul : Saul, Paul, le prisonnier de Jésus-Christ. Quelle élévation de réussir à être Son prisonnier, quand c'est par bien d'efforts que l'homme serait juste bon serviteur ! Devenu apôtre après que le Seigneur soit parti, tu fus d'une efficacité immense. Chez toi, la force physique de Benjamin est devenue une force spirituelle pour faire des œuvres sans pareilles. Quelle élévation de la part du Seigneur ! Gloire à Lui pour cela. *Déshabiller saint Pierre pour habiller saint Paul* : quelle erreur !

Comment citerai-je tous les noms ? Mais que tout homme élu de Dieu soit béni, s'ils n'ont pas leurs noms écrits dans ce livre d'homme qui s'usera, ils sont pourtant écrits dans le Livre de Vie du SEIGNEUR, Livre de Dieu qui ne s'usera pas. Et ceci est aussi valable pour ceux du présent et du futur : la valeur d'un homme ne vient pas de ce que son nom est cité quelque part sur cette terre par un autre et, sachez-le, toute bonne grandeur vient de Dieu. Tous ces grands hommes cités ne sont pas allés chercher leur grandeur dans un autre monde que celui de Dieu pour venir la faire valoir ici, leur grandeur vient de Dieu parce qu'Il les a choisi comme tels, parce qu'Il a choisi les élever, et non qu'ils sont si extraordinaires sans Dieu. C'est Dieu Le véritable Magnifique, le Très Magnifique. L'homme est prit de rien même s'il est élevé à des niveaux si grands. Que les grands, les élus, les hommes soient donc bénis dans le SEIGNEUR Dieu.

Eloge du peuple d'Israël : Israël, Israël, je t'aime. Peuple sans pareil, histoire à couper le souffle, peuple de l'extraordinaire, à ceci, puis à cela, on dit la même chose : « du jamais vu ». Peuple béni du SEIGNEUR Tout-Puissant, peuple choisi par Ce qu'il y a de plus grand dans l'existence. Israël, tu es magnifique. Israël, sept fois tu es magnifique, en réalité, non en apparence. « *Je vous aime* »[20], dit le SEIGNEUR : formidable !!! Ta gloire vient de ce que le SEIGNEUR t'a choisi, et s'Il t'a choisi, qui rétorquera, qui raisonnera ? Comment bénir le peuple d'Israël ? Comment bénir les fils de Jacob, d'Isaac et d'Abraham ? Soit un homme dont celle-ci est son histoire : un homme à force de grandir a eu à cœur ce qu'ont les hommes à cœur, il est allé parler au cœur d'une femme et il a eu faveur auprès d'elle, il l'a prise de chez ses parents chez lui, et a force de se connaitre, elle a été enceinte. A terme, suite aux difficiles contractions et douleurs, est sorti d'elle un nouveau-né qui a le sang pur d'Israël : bien né est-il, quelle grandeur ! Bien né est son père, sa mère, leurs pères et mères, jusqu'à Jacob, jusqu'à Isaac, jusqu'à Abraham. Grand est celui qui naît israélien de sang pur, grand est ce peuple de merveilles, de gloire sur gloire, de miracle sur miracle, d'amour de Dieu sur amour de Dieu ; grand est Israël. Si un fils d'Israël est resté juif (ce qui est un tort) il reste grand par le fait d'être du sang de Jacob. Mais si un fils d'Israël a cru au Seigneur venu sur terre pour montrer le chemin et s'est appliqué à Le suivre jusqu'à ce qu'il est vu d'un bon œil par le SEIGNEUR et jouira de son Salut, combien grand est-il ! Vive les fils d'Israël, bénis soient-ils de Dieu et de Jésus Son Fils, à vous bénédiction sur bénédiction, à vous bien sur bien, à vous grâce sur grâce. Béni soit le SEIGNEUR qui s'est attribué et a fait un tel peuple. Attention de faire ce qui est mal aux yeux du SEIGNEUR, mais de rester droit et fidèle dans Son Chemin, comme Il vous l'a apprit depuis Moïse Son serviteur à l'époque du judaïsme et avec Jésus son Fils Unique le Messie depuis le

---

20*Malachie* 1.2.

début de cette époque chrétienne. A Dieu de disposer de Son amour, de Sa tendresse, de se rappeler de Son alliance avec Abraham pour vous faire bien sur bien, et de disposer de Son pardon envers les rebelles et les faibles qui se perdent, afin qu'Il les ramène, et qu'eux-aussi puissent goûter à ce qui a été préparé pour les fils d'Abraham. Grand est le peuple d'Israël, qu'un seul soit plus qu'une montagne, c'est ça le don du SEIGNEUR notre Dieu.

IV – Témoignage

Voici le témoignage d'un homme:

Jésus, Fils Unique de Dieu en qui Dieu a mit tout Son amour a laissé la Gloire qu'Il tient auprès du Père, Dieu, le TOUT-PUISSANT, le CREATEUR de tout, le VIVANT des vivants, l'ETERNEL, le PLEIN d'AMOUR, de SAGESSE, de BONTE, de MISERICORDE ; c'est-à-dire DIEU, Celui-qu'on-ne-peut-décrire-par-les-mots, Celui-dont-les-pays-pleins-de-livres-jusqu'aux-nuages-ne-diraient-quasiment-rien-sur-Lui, donc on n'a qu'à dire Dieu, car Dieu s'explique par Lui-même : Dieu. Jésus, rendu Seigneur par le Père, comme le Père, a donc quitté Sa Gloire divine pour venir sur cette terre ; terre de vanité, de souffrance, de méchanceté, pourquoi ? Qu'est-ce qu'il y a d'aussi grand, d'aussi solennel pour que Dieu n'envoie pas un prophète comme ce fut l'habitude en Israël, mais Son Fils, Son Unique pour venir le faire ? Qu'y a-t-il donc de si grand pour que les hommes doivent avoir à parler à Jésus, qui est de nature divine et non pas végétale, animale, humaine, angélique, mais divine car Dieu l'a fait Seigneur, comme Lui-même, avec pouvoir de faire ce qu'Il fait ; que les hommes doivent avoir à Lui parler donc comme on parle à un fils, un frère, un ami, un ennemi, au point où Pierre, être de chair, voulait Le conseiller ; au point où les scribes et docteurs de la Loi, êtres de chairs, de nature humaine, voulaient Lui tendre des pièges par les mots, au point où Satan, créature, voulait Le tenter, au point où les rois, œuvres de Ses mains, L'ont questionné, au point où les hommes, qu'Il peut créer pour en faire remplir la planète et les anéantir tous en moins d'une seconde, L'ont jugé, condamné et frappé au point de Le fixer sur une croix. Qu'avait t-Il de si grand à venir faire, pour que ce ne soit pas Elie qui a été enlevé au ciel qui revienne le faire, pour que ce ne soit pas Jean, le plus grand des Hommes tel que l'a déclaré Jésus à son époque ne le fasse, lui pourtant qui est mort aussi ; pour que ce ne soit pas un ange qui vienne le faire ?

Qu'avait-il de si grand, de si grandiose pour que le Seigneur Jésus vienne Lui-même ?

Moi-aussi j'ai réfléchi dessus et j'ai trouvé ceci : c'est quelque chose d'aussi grand, que l'intelligence humaine aussi grande est-elle pourra croire comprendre, mais n'aura comprise que poussière : le Salut. Faut-il expliquer, alors qu'en expliquant on peut ternir la chose ; comme quand en voulant montrer aux enfants combien sont grands les océans et en le leur expliquant ci et ça, en leur disant qu'ils sont grands comme ils ne peuvent se l'imaginer ; avec cela, on ne réussit qu'à les faire imaginer ce qu'est un fleuve, ou un grand lac, à peine une petite mer ? Je n'expliquerai pas assez puisqu'est-ce que moi-même j'ai saisi grand-chose ? Je donnerai deux éléments que Jésus est venu faire, au SEIGNEUR de révéler des poussières de Son mystère à qui Il veut. L'homme peut-il être illuminé en tout sur la grandeur de Dieu ? Moi, je la vois infinie, sachant quand-même que c'est le mot, mais que mon être ne peut saisir l'infini.

Comme éléments de réponse, je dirai en premier que le salaire du péché c'est la mort. Beaucoup d'hommes connaissent cette phrase. Jésus est donc venu pour le pardon des péchés, et c'est pour ça qu'il est mort sur la croix. En effet, ce n'est pas la mort sur la croix qui est en soi le pardon des péchés, mais c'est sa mort, une vie qu'Il n'a pas perdu naturellement, mais qui Lui a été enlevé qui est signe du *sacrifice de réparation*[21]. Comment la mort sur la croix de Jésus serait signe du pardon des péchés ? La réponse est que Jésus est le point de passage du judaïsme au christianisme, de la religion donnée à un peuple à la religion donnée à tout homme, de la Loi à la Grâce, de la punition à la Miséricorde. La médiation donc ne vient pas ex-nihilo, mais tient compte du passé pour faire le futur. Or, ceux qui ont des connaissances sur le judaïsme, notamment la Loi de Moïse savent que pour avoir péché, les juifs sacrifiaient des animaux à Dieu pour qu'Il efface leurs révoltes et

---

[21] *Lévitique* 5.14-26.

leurs fautes, telle que la Loi le stipulait comme il est écrit dans le *Lévitique*. C'est donc suivant cette forme là que Jésus est mort sur la croix et accomplit ainsi le pardon des péchés. Jésus est mort, pour que Dieu efface le péché des hommes car non effacé il a pour salaire la mort et la mort ne va pas à la Vie ; voila pourquoi Jésus est appelé « *l'agneau de Dieu qui enlève le péché du monde* »[22]. En cela, c'est Lui le dernier sacrifice pour le péché ; après Lui, plus besoin de sacrifier après un péché, mais de se repentir et d'espérer en la Grande Miséricorde de Dieu au nom du sang versé par Jésus, car c'est par Son sang que les hommes qui croient en Lui sont justifiés. Par ailleurs, l'animal que le juif sacrifiait devait effacer son propre péché, et celui fait dans le passé et non pour le futur. Mais la grandeur du sacrifice du Fils de Dieu est qu'il n'est pas pour enlever Son propre péché, comment ce le serait puisque Jésus n'a pas péché et ne saurait pécher, en tant qu'Il n'est pas un homme pour pécher, mais le Fils de Dieu. Ce sacrifice est donc pour enlever le péché des autres, des hommes, présents comme futurs, pour les péchés passés et présents lors de son séjour, et celui des hommes de la postérité, tous qui croiront en Lui et Le reconnaîtront comme tel. C'est un sacrifice d'une fois pour toutes, au point où l'homme peut dire avec assurance : ¨je suis justifié par le sang de Jésus¨. Le mot ¨sang¨ ici faisant allusion à Sa mort, Son sacrifice, qui avait pour but de nous justifier. Je pense que les épitres des suivants de Jésus nous expliquent cela. Comme second élément, si grand dans le ministère du Fils de Dieu sur terre, ce qu'Il a passé le temps à faire avant de mettre fin au judaïsme sur la croix, avant d'accomplir la Loi donnée par Moïse le serviteur de Dieu, c'est préparer un peuple près à accueillir le Salut de Dieu, ce qu'on appelle le « *Royaume des cieux* »[23], qui est la prochaine vie des élus de Dieu après cette vie-ci, qui est le prochain monde après ce monde-ci que le sage Salomon appelait monde de « *sous le soleil* »[24]. Après s'être fait baptisé par Jean, ce

---

22*Jean* 1.29.

23*Matthieu* 5.3.

24*Qohéleth* 1.3.

qui marque le début de Son ministère, voila ce à quoi Il s'est le plus consacrée, ce que Ses disciples ont continué de faire et ce que nous-mêmes faisons ou devons faire : préparer le peuple pour le Règne des cieux qui est imminent. Cette préparation se fait par l'obéissance à la parole de Jésus, dont le commandement est : « *Aimez-vous les uns les autres* »[25], cette moins qu'une ligne qui est plus forte que les livres de Loi. Je préfère donc dire que, se préparer pour le Règne des cieux ne signifie pas qu'il doit venir forcément quand nous sommes encore vivants. Non, voilà près de deux millénaires que le Seigneur a quitté la terre à la manière dont Il était venu et s'était fait connaitre en la personne de Jésus, mais le soleil se lève toujours à l'aurore, et se couche au crépuscule ; le bateau sert toujours à traverser les eaux, et les chevaux à galoper dans les campagnes ; le juif est toujours aussi beau comme Absalom son ancêtre, et le Jourdain utile comme aux temps de Loth. C'est une préparation qui vise qu'on garde la croyance en Dieu, qu'on sache avec vivacité qu'Il Est, même si nous ne le voyons pas car même au temps d'Abraham ou de Noé, on ne Le voyait pas. Aussi, que Jésus est Son Fils et le Chemin, en ceci que c'est en respectant et en pratiquant ce qu'Il nous a enseigné que nous faisons ce qui nous amènera au Salut (le Royaume des cieux) que Dieu, Son Père et notre Père a prévu pour nous, hommes de rien que nous sommes. En outre, nous devons pratiquer Son enseignement pour être de véritables chrétiens et non des chrétiens de façade. Si tel est fait, même si nous mourrons, même si le Jour vient des milliers d'années après notre mort, nous nous serions préparés, et, par la grâce que Dieu nous fera, nous ne serons pas confondus au jour de la Résurrection. Celui que le Jour a trouvé vivant n'aura pas plus que celui que le Jour a trouvé mort du simple fait que l'un est vivant et l'autre mort, car le Salut n'est pas question de celui qui est vivant ou mort au moment de sa venue, mais celui qui a aimé Dieu du fond du cœur et obéit à la parole de Jésus-Christ. Il est

---

25*Jean* 13.34.

d'ailleurs écrit : « *Heureux dès à présent ceux qui sont morts dans le Seigneur ! Oui, dit l'Esprit, qu'ils se reposent de leurs labeurs, car leurs œuvres les suivent.* »[26]

Après ces deux éléments, je veux insister sur quelque chose selon la logique, car les hommes qui se croient sages ou qui sont sages se disent rationnels, logiques. S'il y a deux milles ans environ Jésus proclamait et envoyait proclamer : *convertissez-vous car le Règne des cieux s'est approché*, je pense que de nos jours il est d'autant plus proche. Car, si à minuit on dit que le soleil est près de se lever, logiquement, à quatre heures, cinq ou six heures, il est d'autant plus proche. Or, il me semble que les habitudes régressent. En dépit que le fait de savoir qu'il est d'autant plus proche cause que les serviteurs aillent mettre leurs pieds dans l'eau glacée, lavent leur figure et boivent du café ou du thé chaud, font des va-et-vient debout, pour mieux veiller et ne pas dormir afin que le Maître de maison les trouvent éveillés ; c'est là où les serviteurs s'enivrent en longueur de journée, gavent leur ventre de pain et de viande au point de vomir, se fatiguent dans la danse et le jeu, pour bien ronfler pendant le sommeil. Mais cela n'est pas étonnant car le Seigneur avait dit : « *Mais le Fils de l'homme, quand il viendra, trouvera-t-il la foi sur la terre ?* »[27] Mais si ce n'est pas étonnant, cela ne signifie pas que ce n'est pas grave car je vous dit la vérité, pendant une période que je fixe à sept jour, j'ai connu quelque chose que si l'enfer était cela, même pas plus grand que ça, en intensité et même en durée ; donc si l'enfer était seulement passer sept jours comme moi dans cette situation pour revenir au Royaume des cieux, sept jours seulement, pas plus, je vais vous dire la vérité : j'ai à cœur que Satan n'y aille pas, qu'aucun homme, ni présent ni passé, n'y aille, que l'enfer reste donc bredouille. Et les hommes dorment ? Veillez les frères, je vous le demande sincèrement et chèrement, veillez et persévérez. Dieu n'est pas à prendre à la légère car souvenez-vous qu'un jour de joie annule cent jour de souffrance et de même, un jour de souffrance annule cent jour de joie. Et si

---

26*Apocalypse* 14.13.

27*Luc* 18.8.

c'était pour aller à l'éternité, dans l'une comme dans l'autre ? Veillons donc. Ce que je vous dis, c'est vrai, ce n'est pas un mensonge, et comme ça me réjouirait que ni moi, ni un homme, n'ait à vivre encore pareille chose, ni même qu'un homme d'avant, depuis Adam ait vécu pareille chose. Or, je suis convaincu d'une chose : cela n'est pas la limite du pouvoir de Dieu, voire, quasiment rien par rapport à ce qu'Il peut faire. Et c'est la colère d'un tel Etre, le SEIGNEUR, que vous allez négliger ? Non, non, veillons, rendons le monde beau et agréable aux yeux du SEIGNEUR pour un Salut massif. Que ce serait bon pour mon cœur, si tous pouvaient monter par Sa Grande Miséricorde, et si elle pouvait être bredouille, par Sa Grande Grâce ! Mais le SEIGNEUR est SEIGNEUR, et le mal est vraiment mal. Donc, c'est le moment pour l'amour du SEIGNEUR, la passion. C'est le moment de marcher dans Ses chemins, y courir. C'est le moment du dévouement, de la violence pour avoir le Salut du SEIGNEUR. Que l'homme n'aille pas vers Dieu avec deux cœurs, mais qu'il vienne avec un cœur rempli du désir de piété au point ou il respire le reste de ce désir qui a tant rempli son cœur. Que l'homme ne s'attarde pas trop à ce qu'il veut, mais qu'il demande à faire tout ce que Dieu veut et seulement ce qu'Il veut, quitte à ce que ce qu'il voulait soit ce que Dieu lui donne, car l'instrument pour connaitre les volontés de Dieu ne sont pas forcément le prophète, mais aussi notre esprit. Ce monde finira bientôt et un monde incomparable à celui-ci en matière de bonheur pour les élus de Dieu commencera, c'est ce que le SEIGNEUR nous réserve depuis fort longtemps, qui ne sera violent pour l'avoir ? Mais cette violence de l'esprit c'est la douceur de la chair, ce dévouement du cœur c'est l'amabilité de la bouche, cette veille, c'est la prière de tout instant, c'est l'esprit de l'homme qui connait deux grandes choses : regarder Dieu et fixer Dieu ; matin et soir, aujourd'hui et demain.

    A la souffrance, j'ai été habitué depuis très jeune, au point où j'ai souvent pensé que Dieu a vraiment voulu me faire goûter la souffrance ou qu'Il a voulu me faire vivre en peu de temps ce que des hommes vivent en bien de temps, comme une sorte de concentration de vie. Et si ce l'était, je ne dirai pas seulement cela à propos de la souffrance mais aussi de l'instruction venant de Lui. J'ai été en proie aux souffrances physiques dont les maladies du corps à cause desquelles j'ai beaucoup souffert et pendant de longues périodes, vraiment longues ; des travaux physiques épuisants que j'ai commencé à faire depuis l'enfance, bien avant dix-ans ; dont les champs, des lourdes charges qu'on porte sur de longues distances et affamé, de longues distances faites à pieds pour aller ci et là, les travaux de chantiers de construction immobilière dont la fabrication des parpaings où j'ai été éminent et que j'ai commencé avant quinze-ans, de longues marches dans le commerce à ne rien vendre du tout (soit une marchandise de moins de trois cent francs qu'on sort le matin pour aller vendre, et que le soir venu, rien de vendu), j'ai tellement fait des choses en matière de travaux de débrouillardise que je suis conscient que moi-même je ne me rappelle plus grand-chose et je n'ai d'ailleurs pas envie de m'en rappeler, mais si quelqu'un veut le savoir, il peut le demander à autre que moi. Mais plus dur, ces périodes depuis l'enfance était sous la bonne garde d'un commando de Dieu : la famine. Quelle période de ma vie après trois ans, selon que je peux me souvenir, fut ce six mois ou trois ou même un, je n'ai pas souffert de faim, non pas la famine normale, qu'on ressent lorsqu'on est indisposé pour manger, mais la famine qu'on ressent, et qu'on n'a pas de quoi manger ? En plus, il y eu des périodes où la faim n'était plus ce qu'elle était souvent, mais, étonnante : debout du lit : faim ; juste après qu'on ait mangé : faim, comme ci ce qu'on mangeait, quelqu'un l'enlevait ; et couché : faim. Faim à trembler, faim à voir mal, faim au point ou la prière finie, c'est difficile de se lever de la prosternation, ou de la position à genoux, car faim, faim, faim ; le commando de Dieu. Mais, les douleurs physiques sont bien inférieures à ce qui suit, même si elles peuvent avoir été un peu plus rare que les premières, car les premières datent depuis l'enfance mais lui a vraiment commencé depuis que j'ai vraiment prit le coté de la réflexion à l'âge de seize-ans avec une fixation des principes de ma vie, malgré qu'il y a des poussières de vie réflexive depuis l'enfance : ce sont les douleurs de l'esprit. Les voici : l'amour fou des femmes qui m'a rongé depuis quatorze quinze-ans, jusqu'à une certaine période où il s'est arrêté, par la grâce du SEIGNEUR : un amour semblable à un feu qui consume, à un gaz sur pression qui menace d'exploser quand il n'est pas libéré, j'ai terriblement souffert de ça ; mais il y a une autre chose en rapport : le désir d'arrêter la masturbation , désir semblable à un marteau qui perfore le roc, qui m'a énergisé pendant deux ans environ jusqu'à ce qu'elle soit arrêtée, par la Grâce immense du SEIGNEUR et la grâce immense du SEIGNEUR. Là aussi, j'ai terriblement souffert. Maintenant, il y a les souffrances qui découlent de l'amour de Dieu et la quête de la connaissance : combien elles ne m'ont pas torturé, notamment celles de la quête de la connaissance, au point que j'ai souhaité mourir, au point où j'ai vu la mort comme un don immense, s'il me fallait continuer à souffrir d'elles. Les voici : doute : le chef de corvées, le terrible, celui qui n'a pas pitié de moi, celui qui me broie à sang froid, sans pitié, celui qui est plus fort que la torture. Les autres : tortures en esprit à cause des tentations, peurs, angoisses, longues prières dont je me souviens en exemple d'une période qui doit avoir durée trois jours de suite ou peut-être plus où Satan me tentait pour que je perde la croyance en l'existence de Dieu et que j'ai beaucoup prié, à être trempé par la sœur, ce qui a été aussi une vraie souffrance. En outre, j'ai persévéré dans le travail, notamment dans les lectures comme l'écriture : j'ai vidé les stylos dans l'écriture des livres au point où ils causaient souvent qu'un creux, causé par le stylo se fasse sur mon index : écrire 652 pages saisies et les retravailler pour 264 environ en moins d'un an ; mes yeux qui se fatiguent à regarder l'écran du matin au soir à cause des saisies (cinq heures devant l'écran, vingt trois heures y étant toujours) ; mon cou qui m'a fait si mal à force d'être courbé à dévorer des livres entiers en peu de temps, de ça aussi j'ai beaucoup souffert et de bien d'autres choses. Mais ne vous inquiétez pas pour l'homme car il y a eu un temps, notamment avant un certain début de vie réflexive, où les souffrances avaient un certain sens : ce qu'on cherche à éviter ; mais à un autre moment d'amour de Dieu et de confiance en Lui, la souffrance avait un autre sens : ce qu'on accepte, sachant que le SEIGNEUR est Bon et qu'Il nous voit, et profitant donc de la souffrance pour Lui rester fidèle, au point où bien souvent, c'est au moment où je ressentais le plus la douleur que je Lui avouais mon Grand amour pour Lui, et que je Lui rendais Gloire encore plus. C'est quand je me blesse, violenté par la douleur, quand l'inflammation de la plaie s'intensifie, quand le corps veut fuir le travail tellement il est fatigué, quand le commando(la famine) fait son œuvre en déchirant mes entrailles sans pitié et enlevant ce que j'ai mangé au point où avant d'aller garder mon plat, quand je viens de finir de manger, je ne dis pas : « je ne suis pas rassasié » ou « j'en veux encore », mais « j'ai faim » ; dans ces moments difficiles, je savais faire des choses : bénir Dieu, L'adorer, Lui rendre Gloire et prier ; sachant qu'Il est Bon et qu'Il me voit. J'ai connu une chose de grande dans ma vie, ce pourquoi j'accepterais vivre sous le soleil : c'est aimer Dieu, Lui dont je souhaite qu'Il me révèle les tréfonds de Son amour, les profondeurs de Sa bonté, et que je pleure une rivière de larmes d'adoration. Il n'y a donc pas à s'inquiéter pour l'homme, mais l'homme s'inquiète pour ceux qui n'aiment pas Dieu, et ne veulent pas faire Ses volontés. Il vous dit : « J'ai connu bien de souffrances dans ma vie, face auxquelles j'ai persévéré et espéré. Mas j'ai connu une autre souffrance à part, certes, là aussi j'ai persévéré et espéré, mais je prie vraiment Dieu que je n'ai plus à me retrouver dans une telle situation. A cause de cela, je me suis dit : si ce n'était que ça l'enfer, que Satan n'y aille pas ». Si un homme veut la connaitre avant de croire, suis-je Dieu ? Mais qu'il sache que ce genre de situation n'est pas celle qu'on voit venir, ou qu'y étant on se rendra forcément compte qu'on y est pour demander à sortir.

Mais l'homme a compris, ou du moins, a cru comprendre pourquoi il est passé par là : dont deux choses. 1) En méditant sur l'Enfer, il se souvient qu'il avait eu à souhaiter gouter pour peu de temps à ce que c'est. Est-ce qu'on allait ouvrir les portes du Royaume pour qu'il y aille faire un instant et revenir ? On pouvait donc lui faire gouter un peu de ça sur terre. 2) Lorsque l'homme a voulu servir Dieu, il a constaté que le moissonneur de Dieu était celui qui va vers son frère ou l'autre homme pour lui demander de revenir au bon chemin pour être sauvé par Dieu ; or avant il dénigrait ceux qui ne servent pas Dieu par leurs actes. Mais ayant donc constaté qu'au lieu de dénigrer il fallait plutôt s'employer à les ramener, lui aussi s'était mit à le faire selon sa capacité. Mais pourquoi avoir eu à les dénigrer avant ? Réflexion et réponse : c'est parce qu'on est encore tenté de faire le péché que tel fait qu'on peut s'irriter et le dénigrer en pensée lorsqu'on le voit le faire. C'est donc que moi je suis encore faible, pour être tenté de faire ce qui est mal aux yeux de mon SEIGNEUR : j'abandonne, mauvais cas ! Et plus loin je constate que le pécheur s'y entête parce qu'il pense que c'est la meilleure vie, il prend le péché comme un avantage, il ignore que la vie avec Dieu peut être meilleure même pour la jouissance que celle là. Maintenant, je vois le pécheur comme un ignorant, et non comme celui que je dois médire. Maintenant, la moisson commence. Entré dans la moisson, je constate que je suis attiré par la moisson des femmes. Et, d'un cœur non-hypocrite, je fais vite de suspecter cela : quelque chose ne doit pas être normal ; qu'est ce qu'il y a ? Non, c'est que la femme écoute, comprends, etc. etc. ? Mais malgré ce justificatif, ça ne va pas : suspicion ! Pourquoi suis-je attiré vers la moisson des femmes ? Constatation : c'est que je passe du bon temps avec elles car très souvent c'est vers des femmes belles à voir que j'allais. Puisqu'il y a différence entre aller moissonner quelqu'un et passer du bon temps avec lui, ce que je fais est suspect : j'arrête. Voila, la première étape qui est de faire la différence entre aller moissonner quelqu'un et passer du bon temps avec lui. C'est fait. Voici une autre étape : je vais annoncer la parole de Dieu aux hommes, cette fois-ci, de sexe masculin selon ce que je vois qu'ils en ont besoin, et à propos, combien n'avaient pas besoin ! Mais tel on lui parle de Dieu, il comprends mais n'obéit pas ; on lui fait du bien, notamment des aides, non pas avec intention qu'il les interprète dans le sens de la moisson, mais ce qui peut démontrer que ce n'est pas seulement question de bouche mais de pratique, car j'étais aussi très gentil pour aider ceux qui sont dans le besoin, au point de souvent marcher en cherchant à qui donner ; mais cet homme n'obéit pas, ne marche pas selon ce que je lui ai dit, je constate qu'il ne change pas, et je suis irrité : suspicion ! Pourquoi suis-je irrité ? Il me semble anormal que je m'irrite, moi-même j'ai fais ce qu'il fait, j'ai aussi été dans l'obscurantisme. Pourquoi je pense à l'Enfer pour lui, moi qui lui aie annoncé la

Parole de Dieu pour le ramener, alors que son mal ne m'atteint même pas directement ? Suspicion ! Réflexion ! Réponse : on peut donner le temps aux autres de changer car ce n'est pas facile à tout homme de changer d'un coup. Aussi, un homme peut vite accepter le chemin maintenant et le perdre plus tard. Et dans ce cas, même ayant reçu la parole, plus tard lorsqu'il lâchera, sera-t-il sauvé ? On dira à son propos : « *voici la graine qui est tombé dans des endroits pierreux* » ou, « *voici la graine qui est tombé dans les épines* »[28]. Par contre, Un homme peut ne point accueillir la Parole maintenant et la pratiquer plus tard. Soit le jour même de sa mort, il se souvient de ce qu'un tel lui a dit, il vide ses larmes par les pleurs, il se repentit, il fait des derniers biens, il implore la grâce de Dieu au nom de Jésus le Fils de Dieu, en demandant à Dieu de se souvenir du sang versé par Son Fils et que lui, homme, n'est que poussière et faiblesse. Là, Dieu accepte son repentir et lui fait grâce. Il n'aura certes pas accepté Dieu au moment où on le lui annonçait, mais se serait accroché plus tard et aurait eu le Salut. Or la moisson ne vise pas à ce qu'un homme l'accepte plus vite que l'autre, mène une vie en Christ plus longtemps que l'autre, mais ait le Salut. Il aurait donc fait bonne affaire, même si c'est à déplorer qu'il ne l'ait pas faite plus tôt, car là, lui aussi aurait amassé plus de fruits et ajouté à sa grandeur. Autres réponses : Mieux vaut prier pour quelqu'un que d'aller vers lui avec une *Bible*, car on peut aller moissonner un homme, lui donner la parole sans souhaiter qu'il entre dans le Grenier (au Royaume), mais étant plus fier de ce qu'il périsse. On peut évangéliser un homme à propos de la charité sans être prêt à lui donner une pièce en cas de ses problèmes. S'il est malade, à peine peut-on vouloir que de Dieu, il ait la grâce d'être pullulant de santé et de forme. S'il souffre continuellement de famine, on ferait un rire hypocrite si on apprenait que Dieu lui avait donné de ne plus souffrir de faim jusqu'à sa mort, que ce soit en un seul instant, par manque et non par indisposition. S'il fait de longues distances à pieds ; c'est suite à de longues réflexions qui proviennent d'un cœur jaloux qu'on viendrait le féliciter à midi si on apprenait que

---

28*Matthieu* 13.3 +.

dans la nuit il a reçu un âne ou un mulet, et si on accoure le féliciter le matin, ce serait avec l'intention de voir si l'âne à le pied boiteux ou si le mulet est malade. Si cet homme souffre d'inintelligence et pour cela ne parle pas dans l'assemblée, c'est en souhaitant être soi-même notable qu'on accepterait qu'il soit juge ; c'est en souhaitant être proche conseiller du roi qu'on accepterait à peine qu'il soit simple notable ; c'est en souhaitant être chef des milliers qu'on voudra l'assurer être chef des dizaines. Conclusion : on peut aller annoncer l'Amour[29] à quelqu'un qu'on n'aime pas, le Bonheur à celui dont on ne veut pas son bonheur. Il y a donc une différence entre le désir d'avoir des disciples, des gens qu'on les appelle "mes disciples, mes brebis, mes élèves, ceux que j'ai moissonné, ceux dont j'ai gagné les âmes", et de souhaiter le bien et le bonheur de quelqu'un ; il y a aussi une différence entre vouloir voir une église pleine, peuplée de myriades, et le souhait venant du cœur que ceux qui y sont lorsqu'elle est quasiment déserte, peuplée de dizaines, jouissent de la grâce de Dieu leur Père en entrant dans le Royaume qu'Il a prévu pour eux. Donc c'est d'abord aimer qu'il faut faire, et ça, réellement car celui qui aime son frère le bénit dans sa prière, sans que son frère ait besoin de le savoir ; celui qui aime son frère fait des prières au SEIGNEUR pour lui. C'est donc cet amour du prochain qui doit conduire à la moisson, et c'est sachant combien l'autre compte pour soi que Dieu peut toucher son cœur afin qu'il écoute et accepte la Parole de vie qu'on vient lui annoncer. Es-tu près à souhaiter que ton frère ait, autant que toi, ou que les autres aient même plus que toi ? Si ta réponse est non, prie le SEIGNEUR de te guider avant de te hâter d'aller vers tel avec la *Bible* en main, le mieux serait pour toi de vraiment vouloir son bien. Veux-tu savoir comment faire pour aimer ton prochain ? Dis-toi que Dieu est votre Père, toi et tous les hommes. Et de la même manière que tu sais que même si tu es meilleur que ton frère ou ta sœur, les enfants de ton père et de ta mère humains, de la même manière que tes parents n'aimeraient pas que tu souhaites le mal de leurs enfants, leur malheur, leur pauvreté, mais que tu leur veux du bien et que

---

29L'Amour ici est le symbole de la Parole de Dieu puisque c'est le commandement de Jésus, commandement qui englobe Sa Parole en détail.

vous vous entendiez, dis toi que pour Dieu, c'est sept fois plus que tu dois le faire avec les autres hommes. Maintenant, Dieu est Dieu pour tous, il connaît le rebelle. Donc, sois bon en intention et fais ce qu'Il te donne la grâce de faire, mais reste bon d'intention, car à l'homme d'avoir l'intention, à Dieu de faire réussir les actes. Et souviens-toi que ce n'est pas parce que tu veux ceci pour tel qu'il l'aura forcément, ou que ce n'est pas parce que tu ne veux pas cela pour lui qu'il ne l'aura pas. Dieu élève l'homme qu'Il veut, et le fixe à la grandeur qu'Il décide souverainement, même si tous les morts comme les vivants n'étaient pas d'avis. Donc, reste d'une bonne intention à l'égard de l'autre même de ton ennemi et aime Dieu sept fois. Telles sont les choses que j'ai constaté à cette seconde étape de la moisson.

Aussi, j'ai connu donc que, puisque déjà ce qui me retiens en vie c'est aimer et faire les volontés de Dieu, je suis près pour la moisson : j'aime Dieu et je veux faire toutes Ses volontés, j'aime aussi mon prochain et je lui souhaite du bien, et je me fais une idée des enjeux de la moisson car, si la moisson n'était que pour épargner l'homme de ce que j'ai vécu, non même pas jusqu'à pour qu'il aille au Royaume mais juste pour l'épargner de ça, je vois son sens franchement. Moi j'étais près à payer la mort, à travailler pour la payer non même pas pour mourir et aller au Royaume, mais pour mourir et que Dieu, par Sa grande grâce, fasse disparaitre mon âme mais que je ne vive plus ce que j'ai vécu. Je savais que je n'avais pas à me suicider, et c'est encore cela qui participait à aggraver mon mal. Donc, je vois le sens de la moisson, mais je sais aussi que c'est à Dieu de toucher le cœur. On peut faire trop d'effort et ne rien ramener, on peut ne même pas faire d'efforts, juste que des gens voient le comportement, et par le fait que Dieu a touché le cœur, ce sont des myriades qui reviennent. En effet, c'est Dieu Lui-même qui moissonne qui Il veut. Il y a donc pour moi à prier qu'il regarde les hommes avec pitié, afin de les ramener massivement, que ce soit par moi ou sans moi, et de penser à avoir pitié de moi-même, et de me prendre moi-même car tel pêcheur capture le poisson mais se noie lui-même, j'évite cela de toute ma volonté et que la grâce de Dieu soit sur ma tête que cela n'arrive pas, même dans mes rêves car c'est purement que je cherche Dieu et non point avec double intention. Maintenant, c'est à Dieu de me guider où Il veut, car même que je moissonne n'est pas au-dessus de ce que je veux faire Ses volontés, s'il fallait que je tienne le fuseau pour un an pour faire Sa volonté, je voudrais être bien sûr s'Il ne veut pas que je le fasse pour deux ans. S'il fallait que je ramasse les excréments de mes mains pour dix ans, comme ça me gênerait qu'Il ait d'abord voulu que je le fasse pour 100 ans avant de diminuer, car je connais un secret par lequel je ferai des choses étonnantes de par la difficulté aux yeux d'autres hommes facilement : qu'Il me le rende facile. Donc, au SEIGNEUR de me guider toujours, de toute éternité.

Exhortations et conclusion

Béni soit Dieu, béni soit Jésus, bénis soient les vivants : les anges d'en haut, les hommes d'en bas, béni soit l'existence et la vie créés par le SEIGNEUR, le Dieu des puissances et d'amour, qui a mit Sa puissance au service de Son amour, pour créer ce qui n'existait pas, et l'homme, pour qu'il jouisse des Ses grandes œuvres. Gloire à Toi SEIGNEUR, sept fois, à la mesure infinie, où il n'y a rien à ajouter, rien à enlever. Merci SEIGNEUR sept fois, accepte le merci du cœur SEIGNEUR, car Toi-même sais qu'on te le dirait nuits et jours pendant des millénaires, mais on n'aura pas dit aussi peu que Tu le mérite. On T'adorerait prosterné mille ans, sans manger, sans boire, sans rien faire d'autre que T'adorer prosterné, on ne l'aura jamais fait au niveau que Tu mérite. On chanterait pour Toi mille ans, sans que le son de la flûte ne cesse, et que la corde de la harpe ne se démantèle ; on n'aura fait quasiment rien à la hauteur de ce que Tu mérite. On jeûnerait mille ans au point où si Tu nous maintenais en vie que ce soit seulement pour qu'on jeûne et qu'on ressente la famine pour Te montrer combien nous respectons Ta Grandeur SEIGNEUR Dieu et celle de Jésus Ton Fils bien-aimé ; au moment de notre mort, même si on avait jeûné six milles années de plus, on n'aurait fait quasiment rien. Qui fera quelque chose pour Toi à la hauteur de ce que Tu es, de ce que Tu mérite, si, même le quasi-rien que nous faisons, c'est par Ta grâce qu'on le fait. SEIGNEUR, mon cœur est touché quand j'écris cela, et mes yeux veulent pleurer quand je pense combien tu aimes l'homme au point où c'est même difficile à vraiment comprendre. Qui comprendrait une poussière si ce n'était par Ta main ? Qui comprendrait que meilleur pour un homme c'est aimer Dieu si ce n'était Toi qui le lui donnait ? SEIGNEUR, avec tout le pouvoir que Tu possèdes, tu aurais pu créer des myriades rien que pour les torturer car Tu en es capable ; mais Tu as créé les hommes pour leur faire du bien. Les hommes seraient près à faire l'esclavage mille ans pour que Tu leur fasses disparaitre tellement la torture que Tu pouvais leur faire subir est grande, mais plutôt ils sont près à faire l'esclavage autant de temps pour rester jouir de la vie sur cette terre-ci, cette vie précieuse que Tu leur donne. Pour combien d'années seraient-ils prêts à être esclaves pour le Royaume des cieux ? Sept milliards, soixante-dix sept ? Mais Tu le leur donne gratuitement. SEIGNEUR, qui comprendras du cœur pourquoi il se dit : le SEIGNEUR est Bon, le SEIGNEUR est Amour ; et le proclamera de la bouche après l'avoir comprit et non parce qu'il se dit ainsi ? Bon es-Tu SEIGNEUR, pour l'amour d'une femme l'homme peut faire de grandes choses, mais qui a l'amour sérieux, véritable et profond comme Toi ? Ah SEIGNEUR, je T'en prie au nom de Jésus Ton Fils Unique : Penses à moi, à ce dont j'ai besoin : T'aimer, T'aimer et faire toutes Tes volontés ; ni plus, ni moins, rien à ajouter, rien à enlever. SEIGNEUR je T'en prie, Toi, mon Dieu que j'aime, regarde l'homme pour son bien, pour Ton Royaume SEIGNEUR, ne Te mets pas en colère SEIGNEUR, l'homme est faible et l'enfer serait trop dur pour lui. Penses à Ton amour infini et véritable SEIGNEUR je T'en prie, fais du bien même aux rebelles. Pourquoi l'enfer se remplirait SEIGNEUR, au lieu d'être bredouille car infiniment Bon es-Tu ? SEIGNEUR je T'en prie, prends pitié de moi et écoute ma prière, pardon exauce-là, Tu sais ce que je Te demande, avant que le mot n'arrive à ma bouche, Tu sais ce que je veux que Tu fasses. Pitié SEIGNEUR, ne Te révolte pas contre moi mais fais moi faveur, fais du bien aux hommes, fais cette grâce aux méchants, même à ceux qui ne Te reconnaissent pas, touche leur cœur et qu'ils reviennent au bien, si le mauvais chemin du malin débouche à la coupe de Ta colère, ce sera très difficile pour lui SEIGNEUR, pitié mon Dieu que j'aime, au nom de Celui qui a versé Son sang du haut de la croix, regarde l'homme pour son bien. En ce monde-ci, laisse le juste mourir, puisque par Ta grâce il va pour Ton Royaume. Mais maintiens le méchant en vie pour qu'il se convertisse, et après, par Ta grâce immense, il pourrait mourir, pour Ton Royaume. SEIGNEUR, en cette fin des temps je T'en prie, prends pitié du méchant près à mourir, alors qu'il reste dans le chemin de la méchanceté, et envoie Tes serviteurs pour qu'il se convertisse, et touche son cœur pour que sa conversion soit effective, puis pardonne ; et Tu seras Juste comme Tu as toujours été Juste, comme Tu Es Juste.

SEIGNEUR, l'homme est faible ; peut-il supporter Ta colère ? Ce sera difficile pour lui. Je T'en prie SEIGNEUR, fais du bien aux vivants, et pense aux morts avec pitié et avec autre chose SEIGNEUR : grande pitié, pitié sur pitié et après, l'amour. Je T'en prie SEIGNEUR mon Dieu, au nom de Jésus Ton Fils, ne me fais pas du mal, mais du bien, pardon, je T'aime et c'est toutes et seulement Tes volontés que je veux faire, et T'aimer de la meilleure des manières. Pardon SEIGNEUR exauce ma prière, fais nous du bien, au nom de Jésus notre Seigneur.

Hommes, reconnaissez le SEIGNEUR et aimez-Le. Comment irez-vous à Lui sans Le reconnaitre et sans L'aimer ? Si vous n'avez pas connu sur cette terre dire : « Le SEIGNEUR est mon Dieu » ; qu'irez-vous faire au Royaume ? Est-ce là-bas qu'on apprend cela ? Si vous n'avez pas connu dire sur terre "SEIGNEUR je T'aime", est-ce au Royaume que, comme des nouveaux parlants, on vous apprendra à le dire ? Si vous n'aimez pas Dieu sur terre, qu'irez-vous faire où vont ceux qui aiment Dieu ? Prenez donc cela au sérieux et changez tant que vous êtes encore vivants, je prie le SEIGNEUR qu'Il nous fasse cette grâce au nom de Jésus Son Fils Unique notre Sauveur.

Maintenant, si un homme veut, je le souhaite, qu'il prie pour moi l'auteur de ce livre car foncer dans le chemin de la connaissance a beaucoup de risques, moi-même je sais ce que j'ai déjà risqué, j'ai été près à me perdre bien de fois près d'adopter de mauvaises idées et bien de fois aussi j'ai été torturé à cause des idées. Mais ce que j'ai le plus besoin c'est que, si on prend un tierce qui est déjà le soixantième d'une seconde, et qu'on le divise par sept milliards, soixante dix-sept fois, ce que ça donne, que dans ma vie, il n'y ait pas un temps pareil, plus petit ou plus grand que cela, où ce n'est la volonté de Dieu que je fasse, en tout corps et tout esprit, en éveil comme au sommeil. Donc, que l'air qui sort de ma bouche soit mesuré par Dieu, la direction du plus petit de mes cheveux, choisie par Lui ; qu'Il ait réclamé même la forme, pas jusqu'à la position ou le devoir être, au dernier accent, à la dernière virgule de ce livre. Tel est la prière que je fais continuellement à Dieu depuis bien de temps aujourd'hui, et les autres prières ne sont qu'annexes à celle-ci. Si vous pensez donc que ce livre vous a fait du bien ou est bon, je le souhaite, priez aussi pour moi, que Dieu m'accorde ce que je veux et qu'il me prenne en toute pitié et me fasse jouir de Sa grâce et de Sa miséricorde car moi-aussi suis un homme pécheur. Même si je fuis le péché de tous mes membres, du moins, j'ai eu à commettre bien de fautes, bien de rebellions, bien de perversités dont j'ai nausée. Aussi, si ce livre vous a donc aidé, pensez aussi à en faire profiter votre prochain, pour que lui aussi puisse en bénéficier. Si un homme pense que ce livre ne lui a pas fait du bien et est mauvais, qu'il prie pour moi, pour que Dieu maximise le bien que je puisse faire aux hommes en m'évitant la moindre erreur, le moindre mal car chez moi il n'est pas question de connaissance et d'ignorance, mais de pleine connaissance ; pas question de faire plus de bien que de mal, mais de ne même pas faire un mal comparable à la poussière, soit une virgule mal placée dans un livre, soit même quelque chose non pas mal à Ses yeux, mais qui ne soit de Sa volonté. L'homme ne doit pas voler ce qui est à autrui pour se payer à manger, mais s'il a son propre argent, il ne pèche pas en choisissant manger du pain ou de la viande ; là, il est libre. Ne pas voler mais avoir liberté de choisir ceci ou cela, ce n'est pas ce à quoi je me contente. Moi, je veux même qu'entre le pain ou la viande, ce soit encore Dieu qui choisisse pour moi : où je l'achèterai, à quelle quantité, à qui je donnerai une part, ou même que je n'en ai pas. Ce n'est donc pas question de faire seulement ce qui est droit aux yeux du SEIGNEUR, mais d'agir par Sa volonté bien établie, et ça, en touts temps jusqu'à l'infinie au Royaume des cieux. C'est du genre : rien à ajouter, rien à enlever, voilà pourquoi je souhaite faire toutes les volontés de Dieu et rien que Ses volontés. Je le souhaite, priez pour moi, de bonnes prières et non de mauvaises, celles pour mon bien et non pour mon mal car Dieu vous exaucerait-Il ? Je vous le demande, pensez aussi à moi, mais surtout à vous-mêmes. Que Dieu nous donne la grâce, je Le prie de nous retrouver en un même lieu : à Ses cotés, au Royaume des cieux ; je le Lui demande au nom de Celui que j'aime à en mourir : Jésus Son Fils, mon Sauveur et notre Sauveur. De toute éternité, Gloire à Dieu.

Oui, je veux morebooks!

I want morebooks!

Buy your books fast and straightforward online - at one of the world's fastest growing online book stores! Environmentally sound due to Print-on-Demand technologies.

Buy your books online at
www.get-morebooks.com

Achetez vos livres en ligne, vite et bien, sur l'une des librairies en ligne les plus performantes au monde!
En protégeant nos ressources et notre environnement grâce à l'impression à la demande.

La librairie en ligne pour acheter plus vite
www.morebooks.fr

OmniScriptum Marketing DEU GmbH
Heinrich-Böcking-Str. 6-8
D - 66121 Saarbrücken
Telefax: +49 681 93 81 567-9

info@omniscriptum.com
www.omniscriptum.com

www.ingramcontent.com/pod-product-compliance
Lightning Source LLC
Chambersburg PA
CBHW031638160426
43196CB00006B/464